講談社選書メチエ
722

詩としての哲学

ニーチェ・ハイデッガー・ローティ

冨田恭彦

MÉTIER

まえがき

おそらく誰もみな、少なくとも若いある時期に、本当のこと――真実、真理――ってなんだろうと考えたことがあるに違いない。そうしてほとんど誰もが少なくとも人生のそうした時期に、「哲学者」になるのだ。私もそうだった。そして、そのとき、私にとって特に大きな意味を持ったのが、ソクラテスの言行だった。

自身書を書かなかったソクラテスが、何を言い、何を考え、何を望んだのか。これを慮るには、いろいろあるなかでも、とりわけ、大のソクラテスファンだったプラトンの書き物に拠る必要がある。プラトンのそれは、クセノポンやアリストパネスの作品よりもはるかにソクラテス資料として重視され、私もまた、プラトンの書き物からもっぱらソクラテスを捉え、哲学に転じてからあとも、しばしばそのソクラテスを哲学者の範とした。

ソクラテスは、戦いにおいて毅然とした振る舞いをなし、三〇人専制政権の圧力にも屈せず、自らの裁判において通例に反して情に訴えることをせず、老友の脱獄の勧めを断り従容として毒杯をあおって刑死した。大切な事柄について無知であることをわきまえるとともに、人に無知を知らしめることをアポロンから与えられた使命と見たソクラテスは、一つの強力な生き方を示した人物として受けとめられ、プラトンならずとも多くの人々が、そこになんらかの、人としてのあるべき姿を見ただろう。私も、そうした多くの人々の一人であった。

けれども、刑死したソクラテスに近い年齢となった今、私はソクラテスとプラトンに対して大いなる疑念を持っている。この疑念は、はるか昔の三〇代の頃に、もっと自覚していてよいはずのものであった。しかし、実際には、その頃私は、ソクラテスについていまだ好意的な講義を行っていた。

私の疑念を一言で言えば、それは、真理は定まっているに違いないと他人に思い込ませる彼らの言行に対する疑念である。つまり、定まっているのにいまだ手にしていない真理を求めさせ、それによってかえって無駄に時を重ねさせ、その結果、人は目の前にある問題から目を逸らせることになったのではないかという疑念である。

もとより、ソクラテスやプラトンを、真理は定まっているに違いないと思い込ませた人物としてではなく、別の方向に向けて解釈することがまったく不可能というわけではない（早くに亡くなられた畏敬すべき先輩である元慶應義塾大学教授中川純男氏は、若い頃その可能性を私に話してくださった）。しかし、現実には、彼らの役割が、定まっているはずのものを人々に求めさせる方向で機能したことは否めない。

プラトンによれば、ソクラテスは「……とは何か」と尋ねた。「正義とは何か」、「美とは何か」。そして、人はその問いに答えようとするくらいには、問われているものが何であるかを知っているが、明確に答えられるほど知っているわけではないことを、自覚させられる。あたかも、答えられるべき事柄がしっかりと定まっているかのように、しかも、それを言語化できることが当然のことであるかのように。そうしてプラトンは、私たちがどう考えようとそれとは関わりなく定まっていることであるかのように、ソクラテスに「イデア」について語らせた。正義のイデア、美のイデア。さまざまなもののイデアは、かの世界に定まったものとしてあり、私たちの魂は、この世に生まれてくる前にそれぞれの力量に応じて、その高みにあるイデアを見てくる。その力量の違いから、ある者は「……とは何か」になんとか答えることができるかもしれず、また別の者は、それをするのは難しいとされる。しかも、プラトンによれば、この世に生きるときに私たちが関わらざるをえないものの多くは、その定まったイデアを捉えるのを妨げる。だから私たちは、この世のしがらみから自由になって、そのイデアを捉えるべく「死の練習」をしなければならない。

そうなのだ。ここには、現世を倦むピタゴラス派の厭世的精神が息づいている。この世の価値を低く見、死によって肉体の呪縛から離れ、定まった真理としてのイデアを手にすることが、私たちの使命だと言うのである。

今にして思えば、私はソクラテスとプラトンに対して、問わなければならなかったことがたくさんあった。

今、ソクラテスについてだけ言えば、彼に対しては、同じ名前で呼ばれるものがみな同一のあり方をしているという保証はどこにあったのかと。そしてまた、あらゆることが言語によって語られる保証はどこにあったのかと。

一つ目の問いは、ヴィトゲンシュタインの「家族的類似性」の概念に出会った若き日に、ソクラテスに問うべき問いであった。家族がそれぞれどこか似ているところを互いに持ちながら、すべての家族が同一の面において似ているわけではないように、「ゲーム」と呼ばれるものもまた、さまざまに互いに似ているところを持ちながら、すべてのゲームが同じ特徴を持つ必要はない。ヴィトゲンシュタインの、この、気がつけば当然だが気がつく前には大胆な主張は、「同じ名前で呼ばれるものが共通に持つべき本質」という考えや、「定義されるべき共通のなにか」という考えに対して、その考えが唯一絶対のものではないことに気づかせる。

また、二つ目の問いは、同意・不同意を基盤としてコミュニケーションを可能にする言語習得過程に、クワインやデイヴィドソンが注意を促したとき、あるいはヴィトゲンシュタインが「私的言語」論で、ある言語習得のあり方に私たちの注意を向けさせようとしたときに、それに対する否定的解答を手にしていてよかったはずであった。私たちは、わかっているからといって、なんでも言語化できるわけではない。例えば、私たちは赤い色がどういうものであるかを知っているが、それがどこに現れているかという状況の説明は言語でできても、赤い色そのものを言語化できるわけではない。

もしも本当にソクラテスが言葉の定義を求め、それができない者の無知を否定的に評価したのだとすれば、そもそもソクラテスのその行為自体が、まずもって吟味されなければならなかったのではないか。知らないのに知ったかぶりをするのをやめさせ「無知の知」を悟らせることと、それに答えることが本当にできるかどうかが十分に吟味されてはいないものを人に求めてそれができないことを否定的に評価することは、別のことである。私は、ソクラテスの後者のそうした行為が前提しているものこそ、今真剣に問い糺されるべきだと思う。

本書は三部からなる。私たちは私たちの意思とは関わりなく定まった特定の目標に向かうべき存在ではなく、自らどこまでも道を切り開いていく可能性を持つ創造的存在である――これが本書の主題である。この主題を提示するため、第Ⅰ部の三つの章では、ローティの言う「詩としての哲学」(philosophy as poetry) の考え方の基本を歴史的観点から明らかにするよう努める。

この主題を十全に提示するためには、久しくヨーロッパの伝統となっていたプラトン的理性主義に抗して、想像力を重視するロマン主義の動きがあったことに目を向けなければならない。本書第1章では、イギリスのロマン派の詩人たち――ワーズワース、コウルリッジ、シェリー――を取り上げ、彼らが「想像力」をどのように捉えたかを見る。そして、彼らの想像力重視を継承した思想家として、最後にエマソンを取り上げる。

ここでエマソンを取り上げるのは、彼が「詩としての哲学」への動きに大きく関与したからである。だが、それだけではない。エマソンは、今日広く知られているように、ニーチェに多大な影響を与えた知識人であった。そこで、第2章では、エマソンとニーチェの関わりを取り上げ、さらに、ニーチェの遠近法主義と「詩としての哲学」との関係を見ることによって、ニーチェに認められる反プラトン主義的認識観の核心を捉える。

第3章では、ハイデッガーを取り上げる。彼はいわゆる「ケーレ」以降、自らの「思索」を「詩作」と重ね合わせ、あるものをそのものたらしめる行為としてこれを捉えた。このように、ハイデッガーの後期の思想は、詩作的営為としての「思索」を基調とするため、本書で言う「詩としての哲学」の営みに近い特徴を持つ。しかし、ハイデッガーはその一方で、「存在」という思索の導きとなるものが与える「合図」(ないし「目配せ」)を強調し、いまだプラトン主義が持つ人間ならざるなにかの重視から決別しえていない。その意味で、ハイデッガーが「詩としての哲学」の十全な担い手とはなりえていないことを、第3章では指摘することとなる。

そもそもなぜプラトン流の理性主義はよくないのか。第II部の二つの章では、この問題を取り上げ、いくつかの視点からその理由を明らかにする。まず第4章では、私たちの考えとは関わりなく定まっているものをあるがままに捉えるのが私たちの務めであるとする見解を、主としてクワイン＝デイヴィドソンの言語哲学の観点から批判的に検討する。

続く第5章では、感覚そのものが私たちの考えとは関わりのないデータを私たちに与えるとするかつての感覚与件論的見解を念頭に置き、すでに古典的イギリス経験論においてすら、そのような素朴な考えが持たれてはいなかったことを論じる。そして、同章後半では、ロックが、人間の思考の創造的性格を、「様態」の観念のみならず「実体」の観念においてすら強調もしくは自覚していたことを明らかにし、のちのロマン主義に顕著に見られる見解の一面が、すでにロックにあったことを確認する。

だが、こうして反プラトン主義的視点から「詩としての哲学」の優位性を強調しても、それでことがすむわけではない。近代哲学には、デカルトやカントのように、別の観点から、定まった認識対象や定まった物事の捉え方を強調する立場があった。そうした立場の吟味がなければ、第Ⅰ部で論じるような「詩としての哲学」の考え方は、いまだ十分に納得されるには至らないであろう。そこで、第Ⅲ部では、まず第6章で、デカルトの第一哲学を論じる。

デカルトは、すべての学を「第一原理」から構築すべきことを提案するように見えながら、彼の第一哲学自体が、すでに自身の自然学の知見を重要なファクターとして用いており、しかもその自然学は、彼が諸種の理由から最善と見なしたものであった。彼の粒子説的自然学は、一つの重要な「仮説」である。そして、「仮説」こそまさに、私たちの「想像力」の発露である。のちのロック自身が自覚していたように、先行するデカルトもまた、実際には、そうした「新たな物事の捉え方」の、開拓者の一人であった。

第7章では、カントを取り上げる。カントもまた、『純粋理性批判』の超越論的原理論の基本的な枠組みを構築するにあたり、彼が是とする自然学（自然科学）の成果をふんだんに用いていた。にもかかわらず、彼はその枠組みが、自然科学とは関わりなく構築されたかのように論じた。しかし、カントがいくらそのように論じても、カントの説が、フッサールが言う意味での、「自然主義」的で「人間学主義」的なものであったことは否めない。つまり、カント自身、デカルトと同じように、自身が是とする仮説的自然科学に依拠しながら、その自然科学の基礎の部分を、不当な仕方で恒久不変化しようとしたにすぎないのである。

こうして、デカルトもカントも、想像力の発露としての新たな（しかしそのルーツは古代ギリシャにまで遡る）仮説的科学理論に依拠して、逆転した（あるいは循環した）第一哲学ないし認識基礎論を構築したにすぎない。このことが理解されれば、理性よりも想像力が優位に立つというローティ的な「詩としての哲学」の考えは、より説得力を増すことになるであろう。デカルトが自ら開拓し、カントが依拠した近代科学は、もともと想像力が仮説として生み出し、有力視されるに至ったものなのだ。

認識に関するある種の絶対主義をそれぞれの仕方で提示したデカルトとカントが、このように、仮説的思考を基盤とした基礎学を展開したにすぎないとすれば、私たちはもう一度、西洋哲学の主流となった考え方と西洋哲学史の描き方を、新たな視点から捉え直さなければならない。そこには、私たち人間の、常に開かれた場があり、そこで本来活動していたにもかかわらずしばしば誤解されてきた「軽やかな知性」としての想像力が、真の主役としてクローズアップされることになるはずである。

目次

第Ⅲ部　仮説

第I部

决別

第1章　プラトンとの決別——理性に対する想像力の優位

はじめに

西洋哲学においては、「知性」（νόος ノース、νοῦς ヌース）や「理性」（λόγος ロゴス）を最も重要な心の働きとすることが伝統となった。この伝統の形成に深く関与したのが、パルメニデス（Παρμενίδης, c. 475 B. C.）とプラトン（Πλάτων, 427–347 B. C.）である。だが、近世になって、「想像力」を優位に置く考え方が顕著に現れた。本章では、「知性」や「理性」の役割を最重要視する伝統の形成に貢献したパルメニデスとプラトンの見解の要点を確認するとともに、西洋近代における想像力優位の考え方の典型として、イギリスのロマン主義者の見解を見ていく。取り上げるのは、ロマン派詩人、ワーズワースとコウルリッジとシェリーである。そして、さらに、彼らの見解をアメリカのエマソンがどのように継承したかを確認する。

「知性」と訳されるνόοςやνοῦςは、どちらかと言えば直観的能力であり、物事の真相を直観的に見て取るものとみなされることが多い。これに対して「理性」と訳されるλόγοςは、概して、推論的思考能力とみなされる。いずれにしても、それらは、真理を捉えるための、私たちの重要な知的能力とされる。

これに対して、ここで言う想像力とは、新たな見方、捉え方を創造する力である。通常、「想像力」と言えば、英語ではimagination、もともとのラテン語ではimaginatio（イマーギナーティオー）で、

「像」（imago イマーゴー）を作る能力のことであった。わかりやすいのは、心の中で誰かの顔を思い浮かべたり、よく知っている楽曲を心の中で再現したりする場合である。これらの場合、私たちは心の中で「像」を作っていると言うことができる。その像は、心の中に作る絵のようなものであったり音であったりするので、そうしたものを英語では mental image、つまり「心像」と呼ぶことがある。imaginatio や imagination は、もともと、こうした像を心の中に作る働きである。しかし、感覚の場合にも、例えばある人を見たり、ある音楽を実際に聴いたりするとき、それが外からの刺激を受けて心の中で人の視覚的感覚を得たり楽曲の聴覚的感覚を得たりすることとして理解されることから、こうした場合にも imaginatio や imagination が使われることがかつてはあった。

今、感覚の場合を別とすれば、このように、元来「想像力」は、心の中で「像」を作る働きと見られていた。この場合、私たちは、現実のものを再現するだけでなく、自分の意に任せて像をさまざまに改変し、創出することができる。つまり、想像力は、単に像を生み出す働きというだけでなく、任意にさまざまな像を創り出す能力でもある。この、任意にさまざまな像を創り出すという面が、のちには、任意にさまざまな新たな考えを生み出すという意味で強調的に捉えられ、「想像力」と言えば、像を作る働きというよりも、新たな考えを生み出す能力のことと考えられるようになった。

知性や理性を優位に置こうとする人々は、真理は定まっていて、知性や理性はそれをあるがままに捉える能力だと考える傾向を、一般に持っていた。こうした人々は、ローティ（Richard Rorty, 1931–2007）流に言うなら、私たち人間を鏡の如きものとして捉えようとする。つまり、自分で勝手に像を作るのではなく、私たちの考えとは関係なくそれ自身で定まっているものを、己を無にして（自身の心の鏡を磨いて）あるがままに映し取ることが私たちの使命なのだと考える。今、知性や理性を優位に置く人々の考えを「理性主義」と名づけることにすると、こうした理性主義者は、最終的には、私たちの意思とは関わりなく定まっているものにひたすら従うべきことを、私たちに求める。これに対して、「想像力」に独自の権利を与えようとするイギリスのロマン主義者たちはどう考えたか――これが、本章の主題である。そして、本章のもう一つのポイントとなるのは、エマソンの見解である（エマソンの重要性は、次章の論述でさらに立ち入って理解されるであろう）。

なぜプラトン的理性主義はよくないのか。このことは、本書第II部でいくつかの観点から論じることにし、本章から第3章までは、ロマン主義と通底する、想像力に重きを置く考え方の実際に触れ、ローティ流の「詩としての哲学」の考え方の理解を深める。ここに言うローティ流の「詩としての哲学」の考え方とは、私たちの意思とは関わりなく定まったものがあって、私たちはそれをあるがままに把握しなければならないという考えの拒絶と、「想像力」は「理性」よりも優位に立つという考えの全面的肯定を特徴とする。そして、そこには、エマソンやニーチェの思想が示すような、私たちは常に未来に向かって開かれた存在であるという、開放的・創造的人間観が息づいている。

1　パルメニデスの場合

パルメニデスは、「知性」と「感覚」をしっかりと区別することを私たちに求めた。私たちは日々感覚によって惑わされており、「知性」によって真理をしっかりと捉えなければならないと彼は言う。彼は「ある」と「ない」を取り上げ、それらが明確に異なること、そして、「あるもの」はどこまでも「ある」、「ないもの」はどこまでも「ない」ということを、心に刻むよう求めた。この「ある」と「ない」という基本的な二つのものの明確な差異から、彼は、「ないもの」が「あるもの」になったり、「あるもの」が「ないもの」になったりすることは絶対にありえないとした。生成と消滅の否定、言い換えれば、不生と不滅の主張である。

同様に、「である」が「でない」になることも、「ある」と「ない」の基本的な区別からしてありえない。変化の否定、すなわち、一切は「不変」であるとの主張である。

さらに、「ないもの」がなく一切が「あるもの」である以上、「あるもの」がどこかへと動いていくこともない。また、一切が「あるもの」である以上、それはただ一つしかないことになる。「あるもの」を区切る「ないもの」がないからである。こうして、運動も、あるものが複数あること（多）も否定される。不動と一の主張である。

このようにして、パルメニデスは、不生、不滅、不変、不動、一を説く。彼によれば、それは私たちが知性によって捉えるべき真理である。私たちが日常認めていることとは大幅に異なることが、真理として説かれるのである。

確かに、考えてみれば、無から有が生じること――言い換えれば、なんらかのものが別のものになるということではなくて、まったくなにもなかったところにあるものが存在するようになるということ――は、パルメニデスの言うように、私たちには理解しがたいところがある。また、同様に、有がまったくの無に帰すること――言い換えれば、なんらかのものが別のものになるということではなくて、存在していたものがまったくの無になるということ――もまた、私たちには理解しがたいところがある。したがって、そのようなことを考えてみれば、「無から有が生じる」とか、「有が無に帰する」とかいうことについては、多くの人がそれに疑念を持つことはあろう。しかし、花は咲き、木々の葉は色づく。花も木々の枝も風に吹かれて揺れ、世界は多様なものに満ちている。不生、不滅、不変、不動、一を説き、「知性」に世界のそうした事象の一切を否定する力があるとすることは、いったいどこから、いかなる根拠のもとに出てくるのか。

2　プラトンと、「理性主義」

もともと悲劇作家を志していたプラトンは、ソクラテスと出会ってその道を捨てたと言われる。そのプラトンは、魂を三つの部分に区分した。理性的な部分（λογιστικόν ロギスティコン）、気概的な部分（θυμοειδές テューモエイデス）、欲望的な部分（ἐπιθυμητικόν エピテューメーティコン）――言い換えれば、理性（λόγος ロゴス）と、気概（θυμός テューモス）と、欲望（ἐπιθυμία エピテューミアー）――である。彼は理性を最上位に置き、人間には欲望というよからぬものがあるが、これを抑えて、理性の導きに従い、気概（勇気）によってことをなすことを、知識人に求めた。プラトンによれば、私たちは理性によって、永遠の真理であるイデアを捉えるという。

ソクラテスが主要な登場人物となるプラトンの対話篇の中で、ソクラテスはしばしば「……とは何か」と問う。「……」と呼ばれる個々の事例を挙げよというのではなくて、「……そのもの」、例えば「美そのもの」が何であるかを言うよう促すのである。そして、この「……そのもの」が、「……のイデア」と言い換えられる。ソクラテス＝プラトン流のこの問いかけは、物事の本質は永遠不変な仕方で定まっているとするかのような前提のもとに行われる。プラトンはしばしばこれをミュートスの形で説き、イデア界が天の高みにあって、私たちの魂は生まれる前にそれぞれの力量に応じた仕方でその天の高みに昇り、それぞれそれなりの仕方でイデアを眺めはするのだが、私たちはイデアを完璧に捉えることはない。したがって、私たちは、この世の生において、その不完全にしか捉えていないイデアを完全に捉えるよう努めることが、課題として課せられているというのである。

右の魂の三分割には、「感覚」という言葉は出てこない。しかし、イデアの把握を論じるときにプラトンが用いる比喩では、イデアを捉える心の働きが「感覚」と対比され、感覚は下位に置かれる。パルメニデス同様、感覚の軽視である。

理性の優位は、想像力の軽視でもある。プラトンは、私たちの魂の向け変え（ギリシャ語では περιαγωγή ペリアゴーゲー、ラテン語では conversio コンウェルシオー、英語では conversion［回心］）を求め、私たちにイデアを捉えるよう促す。彼は、この「回心」によってイデアに向かい、それを捉え、それに従って生きることを、「哲学」（φιλοσοφία ピロソピアー）の使命とする。したがって、詩を書き、悲劇や喜劇を創作するという営み（詩作、創作、ποίησις ポイエーシス）は、貶められることとなる。

プラトンによれば、アイスキュロス（Αἰσχύλος, 525–456 B. C.）やソポクレス（Σοφοκλῆς, 497/6–406/5 B. C.）ら、悲劇作家の創作（詩作）は、物事の定まった本質（イデア）を捉えようとするものではなく、イデアの写しであるこの感覚される世界を、さらに真似るもの（μίμησις ミーメーシス、模倣）である。それは、写しの写しとして、イデアという「本当に実在するもの」（真実在、τὸ ὄντως ὄν ト・オントース・オン）から、二重に遠ざかっている。したがって、プラトンとしては、そのようないい加滅な営みをよしとするわけにはいかない。こうして、プラトンに倣う西洋の思想的伝統においては、久しく詩作は軽んじられ、その営みをなす「想像力」は、「知性」や「理性」よりもはるかに劣る人間の機能とみなされてきた。

今、理性を、物事を筋道立って冷静に捉えようとする心の働きとするのであれば、これは私たちにとって重要なものであるには違いない。しかし、プラトン流の考え方に明確に出てくるように、理性尊重の立場は、しばしば、物事の本質は私たちがどのように考えようともそれとは関係なく本来定まっているとする決めつけと、表裏になっている。そうした定まったものをあるがままに捉えるのが、この世の生における私たちの使命とされる。本書では、こうしたタイプの理性尊重の考え方を、「理性主義」と呼ぶ。

3　古典主義とロマン主義

この意味での「理性主義」に対立するものとして、「ロマン主義」がある。この言葉の由来は、次のとおりである。

その昔、ローマの七つの丘の辺りに住んでいた人々が使用していた言語がラテン語で、ローマが帝国になり広大な版図を持つに及んで、ラテン語は広く公用語として使われるようになった。紀元前一世紀の終わり頃から紀元一世紀のはじめ頃にかけて、初代のローマ皇帝アウグストゥスの頃に、ラテン文学が黄金期を迎える。それを担ったのは、ウェルギリウス（Vergilius, 70–19 B. C.）、ホラティウス（Horatius, 65–8 B. C.）、オウィディウス（Ovidius, 43 B. C.–17/18 A. D.）らで、この頃の文語のラテン語を「古典期」のラテン語と呼ぶ。

この「古典期」の文語のラテン語に対して、口語の俗ラテン語が発達していく。そのようにして生成したラテン語の方言、イタリア語やフランス語やスペイン語などが、ローマ風の言語という意味で、「ロマンス（諸）語」と呼ばれるようになる。ローマはラテン語で Roma（ローマ）と言い、「ローマの」を意味するラテン語の形容詞は romanus（ローマーヌス［ここでは単数の男性名詞に付く場合の形を挙げておく］）と言う。そして、このローマーヌスから派生した「ロマンス語の」を意味する romanicus（ローマーニクス）の、さらにその副詞形 romanice（ローマーニケー、「ロマンス語で」）がもとになって、ロマンス語で書かれた文学作品が romanz（古フランス語）や romance（英語）、つまり、「ロマン」とか「ロマンス」とか呼ばれることになった。

ロマンス諸語を用いて、中世から近世のはじめのヨーロッパで書かれた文学作品は、しばしば、騎士の冒険や恋愛などを扱っていた。いわゆる「ロマンス」である。こうした作品は、一一世紀頃に始まり、一六世紀を頂点とした。そして、この「ロマン」もしくは「ロマンス」が、のちの「ロマン主義」の語源となる。まず、「ロマンティック」（フランス語では romantique、英語では romantic）という形容詞が作られ、そこからさらに「ロマン主義」（英語では romanticism）という言葉が作られた。

ところで、「古典期」という言葉にも出てくる「古典」であるが、「古典」と訳される英語の classic は、ラテン語の classicus（クラッシクス）という形容詞に由来する。classicus は、「最高のクラスの」、「最高級の」を意味し、もともとは、ギリシャ・ローマの「古典」、すなわち、古代ギリシャ・ラテンの一流作家の作品を意味していた。

文学作品のみならず、ギリシャ・ローマの古典においては、一般に、均整、調和、秩序、理性、形式的統一が尊重された。こうした古典古代の文化のあり方を理想とし、それを復興しようとする動きがヨーロッパに繰り返し現れるが、そうした動きを「古典主義」(英語では classicism) と言う。ところが、均整、調和、秩序、そして、それらを支える「理性」という能力を重視する古典主義に対して、それを疑問視する動きも、ヨーロッパに繰り返し現れる。それが特に顕著な形で現れたのが、一八世紀後半から一九世紀前半にかけての「ロマン主義」の思潮である。

ロマン主義は、文化のさまざまな分野に現れるが、本書においてとりわけ重要なのは、文学、それも、詩におけるロマン主義である。その思潮の中で、プラトン的伝統では軽視された想像力がどのように扱われることになるか。まずは、ワーズワースとコウルリッジからである。

4　ワーズワースとコウルリッジ

ウィリアム・ワーズワース (William Wordsworth, 1770–1850) は、一七七〇年に、イングランドの湖水地方にあるコッカマス (Cockermouth) に生まれる。彼は、少年時代に、母と、法律家の父を亡くした。父は生前、彼にミルトンやシェイクスピア、スペンサーに親しむよう促し、また、両親を亡くしたあとは、美しい自然が彼の友となった。

一七八七年、一六歳のワーズワースは、『ユアラピーアン・マガジーン』(*European Magazine*) にソネットを載せ、詩人としてデビューする。同誌は一七八二年にロンドンで創刊された文芸総合誌で、彼のソネット（Sonnet, on seeing Miss Helen Maria Williams weep at a Tale of Distress）は、その第一一巻の二〇二ページに、Axiologus（アクシオロガス）という筆名で掲載された。アクシオロガスは、「ワーズワース」を「ワーズ」（言葉）＋「ワース」（価値）と読み、それを、ラテン語綴りにしたギリシャ語で言い直したものである。

同年彼は、ケンブリッジ大学のセントジョンズ・コレッジに入学、一七九一年に学士号を取得するが、その間にも、湖水地方にたびたび戻って、自然の美しさに溢れたその地を散策し、またヨーロッパ大陸を旅したりもしている。一七九一年、彼はフランスでフランス人アネット・ヴァロンと恋に落ち、翌年アネットは娘キャロリーヌを出産、ワーズワースは一八〇二年に幼なじみのメアリー・ハチンソンとの結婚ののちも、フランスに残した母子の支えとなった。

一七九五年、ワーズワースはコウルリッジに会い、一七九八年に共同で詩集『抒情歌謡集』（*Lyrical Ballads*［1798］）を出版する。これが、イギリスのロマン主義運動を代表する詩集となる。また、同年から翌一七九九年にかけてワーズワースは妹ドロシーとドイツで過ごし、没後一八五〇年に出版された『プレリュード』（*The Prelude*［1850］）を書き始める。

彼は湖水地方に住んで、その後も詩人としての活動を続け、一八四三年には桂冠詩人に選ばれている。一八五〇年に亡くなり、湖水地方グラスミア（Grasmere）の聖オズワルド教会に埋葬された。

サミュエル・テイラー・コウルリッジ（Samuel Taylor Coleridge, 1772–1834）は、一七七二年に、イングランド南西部のデボンシャー、オタリー・セントメアリー（Ottery St Mary）に生まれた。父親は教区牧師であった。八歳の時に父親を亡くし、ロンドンの慈善学校クライスツ・ホスピタル（Christ's Hospital）で教育を受け、一七九一年にケンブリッジ大学ジーザス・コレッジに入学、一度退学するが、一七九四年まで在籍した。

一七九五年、サラ・フリッカーと結婚、同年、ワーズワースと出会い、一七九八年に、先の『抒情歌謡集』をワーズワースとともに出版する。同じ一七九八年にドイツに留学し、カント哲学、ドイツ観念論、レッシングの思想を吸収して帰国。詩人として、文芸批評家として、あるいは哲学者として活動するものの、持病の痛み止めに使った阿片で体調を崩し、一八三四年にロンドンのハイゲイトで亡くなった。

5 想像力重視

ワーズワースは、先に言及した『プレリュード』の中で、「想像力」をきわめて重要な心の働きとした。その第一四巻で、彼は次のように言う。

> この霊的な《愛》は、《想像力》(Imagination) なしには働かず、またそれなしには存在しえない。この想像力とは、実のところ、絶対的な力や最も明晰な洞察、心の豊かさや最も高揚した《理性》(Reason) の、別名にほかならない。[1]（二重山括弧《……》は、それによって括られた言葉が大文字で始まっているか、単語全体が大文字表記されていることを示す。以下同じ。）

ここに見られるように、ワーズワースは「想像力」と「理性」を、対立するものとして扱ってはいない。彼にとって想像力は「最も高揚した《理性》」のことであり、「最も明晰な洞察」を与えるものである。つまり彼は、理性がある仕方で働く場合に、それを「想像力」と呼んでいる。ワーズワースの「想像力」理解にはいくつかの局面があるが、少なくとも彼が想像力をきわめて高く評価していることは確かである。

想像力重視の姿勢は、コウルリッジにおいてさらに鮮明となる。彼は、一八一七年の『文学的自叙伝』（*Biographia Literaria*［1817］）第一三章において、想像力について次のように述べている。

> 私は《想像力》に、一次的なものと二次的なものを考える。私は一次的《想像力》を、人間のあらゆる《知覚》の生きた《力》であり主たる《作用者》であって、無限の《我あり》（I AM）における永遠の創造行為を有限な心のうちで反復するものと見る。二次的《想像力》とは、一次的《想像力》を模したものであり、意識的な意志と共存するが、にもかかわらず、その作用者の種類においては一次的《想像力》と同じであり、その度合いとその働きの様態においてのみ異なると考える。それは再創造に向けて、分解し、拡散し、消滅させる。あるいはこの過程が不可能となる場合でも、ともかくそれは、理想化し統一しようと努める。あらゆる対象が（対象としては）本質的に固定し生気がないのとは裏腹に、それは本質的に生気に満ちている。[2]

大文字の《想像力》に関するコウルリッジのこの言葉、特に「一次的《想像力》」をどう解釈するかについては、多々議論がある。彼が「人間のあらゆる《知覚》の生きた《力》」と言っていることから、「一次的《想像力》」を私たちの感覚的知覚の能力と考える人は多く、その場合には「無限の

《我あり》における永遠の創造行為を有限な心のうちで反復するもの」という言葉は、神（無限の《我あり》。この「我あり」は、デカルトの「我あり」の用法とともに、旧約聖書の「出エジプト記」に出てくる「我はありてあるものなり」［I am that I am］を想起させる）がこの自然のうちにとこしえに生み出し続けるものを、人の有限な心が自身の知覚によって心の中に映し取ることと理解することができる。そうすると、「二次的《想像力》」のほうは、「意識的な意志と共存する」と言われていることから、意識的に新たなものを生み出す心の創造的な働きと考えられる。

つまり、「一次的《想像力》」のほうは、外界を映す知覚像を心の中に生み出す力であり、これは先述の、「感覚の場合にも〔……〕imaginatio や imagination が使われることがかつてはあった」ということに対応する。そして、「二次的《想像力》」のほうは、経験したことのないものの心像を意識的に作り出すという意味での「想像力」（もしくは心像なしにも新たなことを考え出す力としての「想像力」）ということになりそうである。

コウルリッジは、この「二次的《想像力》」を、「総合する不思議な力」（synthetic and magical power）と呼ぶ。[3] この表現は、先ほどの引用箇所にあった「統一〔する〕」（unify）という言葉に呼応するもので、ここに言う統一や総合は、「分解し、拡散し、消滅させ」たものを新たな仕方で一つにし「再創造する」、つまり新たなものを生み出す働きである（因みに、コウルリッジのこの考え方には、想像力［Einbildungskraft］が「総合」［Synthesis］の働きをなすという『純粋理性批判』に見られるカントの見解の影響を見て取ることができる）。[4] また、コウルリッジは、「一つにする」を意味するギリシャ語から造った esemplastic（エセンプラスティック）という形容詞を用いて、想像力を、「統一する力」（esemplastic power）とも呼んでいる。[5]

このように、コウルリッジもまた「想像力」を高く評価し、その創造的かつ総合的な働きを強調する。

6　シェリーの「詩の擁護」

ワーズワースとコウルリッジのこうした「想像力」重視の姿勢は、同じくイギリスのロマン派詩人であるパーシー・ビッシュ・シェリー（Percy Bysshe Shelley, 1792–1822）に、さらに顕著に現れる。シェリーは、イングランド南東部、ブロードブリッジ・ヒース（Broadbridge Heath）のフィールド・プレイス（Field Place）に、貴族の長男として生まれる。一八一〇年にオックスフォード大学のユニヴァーシティー・コレッジに入学するも放校となり、以後、波乱に富んだ人生を送る。一八二二年にイタリア沖を自身の帆船で航行中、暴風雨のため船が沈没、短い生涯を閉じた。遺体はローマのプロテスタント墓地に葬られた。

シェリーは、一八二一年に執筆し、死後、一八四〇年に出版された詩論「詩の擁護」（A Defence of Poetry）の中で、「理性」（reason）と「想像力」（imagination）を次のように区別する。

理性と想像力と呼ばれる二つの種類の心的活動の一つの見方によれば、理性とは、どのようにして生み出されたものであれ、ある思考が別の思考に対して持つ関係を心がじっくり考えることであり、想像力とは、それらの思考に心が働いて、それらを自身の光で色づけ、それらの思考を要素として、そこから、どれをとってもその中にそれ自身の完全性の原理を含んでいるような、別の思考を組み立てることである。[6]

そして、さらに彼は、次のように述べている。

詩は、確かに、神的ななにかである。それは、知識の中心（centre）であるとともに外周（circumference）である。それは、科学のすべてを含み、すべての科学はそれを頼りとしなければならない。それは他のすべての思考の体系にとって、根であると同時に花である。それはあらゆるものの起源であり、あらゆるものを飾る。そして、それはもし枯れてしまえば、その果実や種子を断ち、不毛の世界から命の木の若枝の育成とその継承を奪う。[7]

この引用箇所では「想像力」という言葉は出てこないものの、ここに言う「詩」は、詩を形成する私たちの「想像力」と言い換えることができる。実際シェリーは別のところで、「詩」という言葉は「「想像力の表現」と定義してよいであろう」[8]と言う。そして、シェリーはその想像力を、科学を含めて「他のすべての思考の体系にとって、根であると同時に花である」と言う。またシェリーはさらに別の箇所で、「道徳的善の偉大な道具は想像力である」[9]と言い、詩論の最後の箇所では、「詩人は世に認められていない世界の立法者である」[10]と述べている。すなわち、シェリーは想像力をきわめて高く評価し、またそれを駆使する詩人を「世界の立法者」と評するのである。

シェリーが詩を「神的ななにか」とした上で、「それは、知識の中心であるとともに外周である」

と言っていることには注意が必要である。なぜなら、神を球に喩え、「中心」と「外周」という言葉を用いてそれを表現する手法が、西洋には古くから見られるからであり、シェリーはそれに従っている。例えば、一二世紀に成立したとされる『二四人の哲学者の書』（*Liber XXIV philosophorum*）には、神の定義の第二として、

> 神は、その中心（centrum）があらゆるところにあり外周（circumferentia）がどこにもない無限の球（sphaera infinita）である[11]

という言葉が見られる。この書と右の定義は、多くの知識人に影響を与えた。例えば、ニコラウス・クザーヌス（Nicolaus Cusanus, 1401–1464）は、『学識ある無知について』（*De docta ignorantia*［1440］）において、次のように言う。

> したがって、世界の機構はいわばその中心（centrum）をあらゆるところに持ち、外周（circumferentia）をどこにも持たない。というのも、あらゆるところにいてどこにもいない神が、その外周であり中心だからである[12]。
>
> まさしく神においては中心（centrum）と外周（circumferentia）が一つである……[13]。
>
> 彼［キリスト］は、知性的自然本性の中心（centrum）であるとともに外周（circumferentia）である

……。[14]

こうした言葉遣いを念頭におけば、シェリーが大きな伝統の中で「詩」もしくは「想像力」を神になぞらえていることが理解される。シェリーが、ワーズワースやコウルリッジの「想像力」重視を承けて、新たなものを生み出していく力としての「想像力」を人間の営みの根幹に据えていることは、明白である。

7　エマソン

イデアのような、私たちの考えとは関わりなく定まっているはずのものを求めようとするプラトン的理性主義に対して、ロマン主義者たちは、想像力を神格化する。私たちの思考がたどり着かなければならない、あらかじめ定まっているゴールを考えても意味をなさない——私たちの思考は、どこまでも開かれており、想像力は、常に、自らが創始したものを乗り越えていく力を持つ。そう彼らは考える。

この見方を、アメリカ人のエマソン（Ralph Waldo Emerson, 1803–1882）が継承する。

エマソンは、一八〇三年にアメリカ合衆国マサチューセッツ州ボストンに、ユニテリアン派の牧師の子として生まれた。七歳の時に父を亡くして母親に育てられ、一八一七年、一四歳でハーバード大学に入学、一八二一年に卒業する。そののち彼は、ハーバード大学神学部で学び、一八二九年にボストン第二教会の牧師となって結婚するが、やがて妻を亡くし、教会のあり方に疑問を持ち、一八三二年に牧師を解任される。

一八三三年、彼はヨーロッパを旅し、ジョン・スチュアート・ミル（John Stuart Mill, 1806–1873）やカーライル（Thomas Carlyle, 1795–1881）に会うとともに、ワーズワースとコウルリッジにも会っている。帰国後、彼は、母とマサチューセッツ州ニュートンに住み、一八三四年には同州コンコードに移り、翌年再婚、その頃講演者として生きることを決意する。

エマソンのロマン主義的人間観は、彼の随筆「円」（Circles）の次の箇所に、典型的な形で現れる。

> 人生は、拡大し続ける円である。それは目に見えないほどの小さな輪から、勢いよく全方向に広がって新たなより大きな円に次々と至り、終わることがない。輪の外へ外へと更なる円をどれほど生み出せるかは、個人の魂が持っている力や真理次第である。〔……〕いずれの最後の事実も、新たな一連の事実の始まりでしかない。〔……〕私たちには、外部も障壁も外周もない。ある人が自分の物語を語り終える。――なんと見事な。なんとすばらしい。それはすべてを一新してしまう。その令名は世に満ちる。〔ところが〕見よ。あちら側ではまた〔別の〕人が立ち上がり、私たちが球の輪郭だと宣言したばかりの円の周りに円を描く。そうなると、もう最初に語った人はそれだけの人物でしかなく、ただ最初に語った人であるにすぎない。その人がやるべきことはただ一つ、競争相手の外側にすぐさま円を描くことである。〔……〕明日の思考には、私たちの信条のすべてを、あらゆる信条を、諸民族のあらゆる学識を、激変させる力がある。〔……〕人々は、次の時代の予言として歩む。[15]

一人の人生が、新たな円を描き続けることであるように、人々はほかの人が描いた円よりもさらに大きな円を描こうとし、その営みは「終わることがない」。こうして、私たちは、自分たちを乗り越えて、次の時代を切り開いていくのである。

このエマソンの人間観・人生観が、プラトンの人間観――イデアという定まったものを少しでも捉えようとすることが私たちの使命であり、そうすることによって私たちの有限な生を乗り越えること、すなわち「死の練習」をすることが、この世の生のあるべき真の姿であるとする人生観――と真っ向から対立することは言うまでもない。

8　ローティのエマソン観とニーチェ観

ローティは、論文「プラグマティズムとロマン主義」(Pragmatism and Romanticism) の中で、右に引用したエマソンの言葉を引用し、次のように言う。

この論文〔「円」〕でエマソンが行う最も重要な主張は、《実在するもの》という名の障壁はないということである。言語の外には、言語がそれに対応するよう努めなければならないものはなにもない。人間の業はどれもみな、もっと大きな業を生み出すための準備にすぎない。物事の完璧な描き方が見つかって独創的な描き直しが無駄になるということは、けっしてないであろう。[16]

「言語の外には、言語がそれに対応するよう努めなければならないものはなにもない」。ローティの主張はきわめて明快である。「《実在するもの》という名の障壁」すなわち最後のゴールといったものはなく、私たちの「独創的な描き直し」はどこまでも続くのである。そして、ローティは、このエマソンを、次のような仕方でニーチェ（Friedrich Wilhelm Nietzsche, 1844-1900）と接続する。

> ニーチェは、デューイやジェイムズと同じように、エマソンを崇拝した。彼ら三人の間で、ロマン主義的進歩観は、実在の内在的本性は《物質》ではなく《精神》であるという観念論者の主張から、次第に解放されていった。なかでも、ニーチェの貢献はとりわけ重要だった。コウルリッジのような人々がロマン主義を観念論的形而上学とつなぎ合わせるのはたやすいことだった――エマソン自身時折その誘惑に負けることがあった。〔……〕ところが、ニーチェは〔……〕、理性を用いて神話から脱したという旧来のソクラテス観を排して、ソクラテスもまた神話作者の一人であったとし、それによって、パルメニデスとプラトンを最強の詩人と見るようしむけたのである。[17]

そうなのだ。ニーチェにとってもローティにとっても、ソクラテスやパルメニデスやプラトンはみな、そうした「独創的な描き直し」を試みた詩人なのだ。

9　詩としての哲学

今取り上げたローティの「プラグマティズムとロマン主義」は、ローティが二〇〇四年にバージニア大学で行った「ペイジ・バーバー講義」(Page-Barbour Lectures) の一つを書き直したもので、ローティの講義は「理性に対する想像力の優位」(The Priority of Imagination over Reason) もしくは「詩としての哲学」(Philosophy as Poetry) と題されていた。[18]

一九七九年刊の『哲学と自然の鏡』(*Philosophy and the Mirror of Nature*〔1979〕) に典型的に見られるように、久しくローティは、人間の意思とは関わりなく定まったものがあって、人間の使命は、それをあるがままに捉え、それに従って生きていくことだ――心の鏡を磨いて、虚心坦懐にその定まったものをあるがままに映すよう努めるのが人間の務めだ――という鏡的人間観に、強力な異議申し立てを行ってきた。彼の言う「詩としての哲学」は、そうした厳然として存在する非人間的なもの――すべてをそれに委ねるべき人間ならざるなにか――という幻想を捨てるよう私たちを促す。そして、詩人が新たな物事の捉え方を示して新たな輝きを私たちに与えてくれるように、私たちもまた、新たな生き方・新たな考え方を創造することのできる、常に開かれた存在なのだということを、ローティは私たちに知らしめようとするのである。

人間はしばしば、自分自身が捏造した「すがるべきもの」を、外に(あるいは内に)最初からあったものと思い込み、これを崇拝し、崇拝を拒む者の生を許さない行動に出る。このような愚かなことをもうやめるべきではないかという思いが、私には、ローティの「理性に対する想像力の優位」の主張や、「詩としての哲学」の主張の中に、常に読み取れるように思われる。

　では、先にローティが、「旧来のソクラテス観を排して、ソクラテスもまた神話作者の一人であったとし、それによって、パルメニデスとプラトンを最強の詩人と見るようしむけた」としていたニーチェと、「言語の外には、言語がそれに対応するよう努めなければならないものはなにもない」ことを示唆したエマソンは、いかなる関係にあるのか。次章では、「ニーチェは〔……〕エマソンを崇拝した」と言われる両者の関係がそもそもいかなるものであったかに焦点を当て、ロマン主義の系譜がどのようにニーチェにつながっていたかを確認する。

第2章　エマソンとニーチェ——反プラトン主義と新たな円

はじめに

アメリカの代表的哲学者だったリチャード・ローティがその生涯を閉じたのは、二〇〇七年のことである。その後も彼の思想は、さまざまな形で国際的に注目され続けている。そのローティが自らの思想の核としたのが、「真理の対応説」の拒否と、「想像力は理性よりも優位に立つ」——「理性にできるのは、想像力が切り開いた道をたどることだけである」——という見方であった[1]。

真理の対応説とは、私たちの信念や発言とは関わりなく（それらとは独立に）成り立っているものがあり、私たちの信念や発言が真であるのは、私たちの信念や発言がそうしたもののあり方に対応している場合であるとする考えである。その説によれば、例えばこの世界は、私たちがそれをどう考えようと、それ自体としてのあり方を持っており、私たちがそのあり方に対応する（それにぴったり合う、それを正確に捉えた）考え方をした場合に、私たちは物事を正しく捉えたとされる。

もとより、世界のさまざまな事実だけが、私たちの信念や発言と独立に成り立っているとされてきたわけではない。「神の意志」とか、「人間の使命」とか、「生きることの意味」とか、実にさまざまなものが、私たちの信念や発言とは独立に厳然と定まっているとされ、それに対応する考え方や生き方が求められてきた。ローティは、こうした真理の対応説を、徹底的に拒絶する。その理由は——手短に言えば——私たちの信念に対応するはずのそれとは独立したなにかの内実を明示しようとすると、私たちがそれについて信じていること（私たちの信念）を語ることにしかならないから――つまり、その場合に私たちが明示するのは、私たちの信念とは独立ななにかではなく、私たちの信念そのものだから――である。[2]

　ローティ哲学のもう一つの核をなすのは、伝統的な「理性」と「想像力」の位置関係を逆転させることである。プラトンを典型とする古代ギリシャ以来の西洋思想においては、理性が私たちの持つ最高の心的能力であって、想像力はそれに劣るばかりでなく、しばしば私たちを誤り導くとされてきた。多くの人々がプラトンに倣って、想像力のなせる技である詩作を、物事の「真のあり方」を捉えようとする「哲学」がその使命を果たすためには排除しなければならないものと、久しくみなしてきた。ローティは、理性と想像力の位置関係のこうした捉え方を、厳しく改めさせようとする。

　ローティが提示した、真理の対応説の拒否と、「想像力は理性よりも優位に立つ」という考えは、密接に関わり合っている。前者は、私たちの信念に対応するそれとは独立したなにかを考えようとしても、それもまた自分の考えでしかないとする。したがって、もし理性を、〈私たちの信念がどうであれ、それとは関わりなくそれ自体として存在するものを、そのあるがままに捉えようとするもの〉であるとするなら、そうした理性の活動は無意味である。むしろ、私たちは、自分たちが直面しているさまざまな問題に対処するため、想像力を駆使してその解決策を探るしかなく、理性はその場合、想像力が新たに提案するものをさまざまな観点から検討し、詰めの作業を行うものとみなされる。

　今、詩を、想像力が新たな物事の捉え方を生み出す典型的な営みであるとするなら、ローティが説こうとしているのは、「詩としての哲学」という哲学のあり方である。それ自体として定まったなにかの、あるがままの姿に接近するものとしての哲学ではなくて、新たな捉え方、新たな考え方、新たな価値づけを生み出すものとしての哲学である。

ローティが「詩としての哲学」の考え方を展開する際に重視した人物のうちに、アメリカ人のエマソンと、ドイツ人のニーチェがいる。エマソンとニーチェは、人間は過去を乗り越えて生きていく生き物だという、きわめて前向きな考えを示した。彼らの軽快な思想は、〈私たちの意思とは関わりなく定まった目標があり、人間はその目標に向かって己を無にして一歩一歩禁欲的に努力を重ねるべきだ〉という重苦しいプラトン的使命感とはまったく異なり、これまでのあり方を乗り越えて新たな眺望を開くよう私たちを誘う。ローティは、そうしたエマソンやニーチェを手掛かりとして、目標接近型ではなく眺望創造型の哲学を、そして、プラトンが排斥した詩作的思考を復権させる「詩としての哲学」という哲学観を、称揚しようとした。

一三歳のときに哲学に「はまった」ローティが最初に読んだのがプラトンとニーチェであったことは、ある意味象徴的である。[3] ローティはその後プラトンやアリストテレスを研究し、さらにはアリストテレスを講じるべくプリンストンの教壇に立つのだが、[4] まさにそのプラトンの詩作軽視と、それと連動する〈私たちが捉えるべきものは、厳然として定まっている〉とする見方を、ローティは真正面から攻撃するようになる。その際にローティが展開する議論は実に広範にわたるが、彼の議論の中でとりわけ重要な役割を担う人々のうちに、エマソンとニーチェがいた。

興味深いことに、エマソンとニーチェの間には、きわめて大きな影響関係がある。それは、一方通行の関係であり、ニーチェがエマソンから多大の影響を受けるという形をとる。両者の関係については、一九三〇年代以降今日に至るまで、具体的な証拠を挙げての研究が、飛躍的に進んでいる。[5] そのエマソンとニーチェの関係をその一端なりとも具体的に示し、大西洋を西から東へと超えていったある思想の流れをその概略なりとも捉えることが、ローティの言う「詩としての哲学」という思想の真意を探り理解する上で、不可欠のものとなる。

ニーチェがエマソンから大きな影響を受けたことは、想像力を重視する西洋近代の流れを見るための新たな視点を開く。そもそもエマソン自身が、イギリスのロマン派の詩人たちの大きな影響下にあった。とすると、すでにヨーロッパにあった思想がエマソンに流れ込み、アメリカという地で新たな相貌を整えたあと、これがニーチェに大きな影響を与え、さらに、イギリスの詩人たちの思想をも含むこうした新たな潮流の核心を、再度アメリカ人のローティがより洗練された形で明らかにしようとしたことになる。

こうした事情から、以下では、ニーチェとエマソンの関係について、ある具体的な事実を見ることから始め、ニーチェの思想の核心に迫るよう努める。

1　ニーチェとエマソン

一九四六年の論文「エマソンとニーチェ」において、ヘルマン・フンメル（Hermann Hummel）は次のように述べた。

久しくニーチェに親しんできた〔私〕は、最近心ならずもアメリカで六年間の自由な時間を過ごすことになったことから、エマソンにさらに親しむことになった。エマソンの多くの言葉は、〔私〕

には一目で親しいものに思われ、エマソンがニーチェにどのような影響を与えたかが、喫緊の問いとなった。[6]

ニーチェとエマソンのいずれをも読まれたことのある方は、フンメルと同じ感想を抱かれるはずである。実際ニーチェ自身、遺稿の中で、エマソンについて次のように述べている。

エマソン。書物を手にするとき、エマソンほどくつろいで、自宅にいるように感じられる人はいない——私がその書物を称えるなどとんでもない。それは私にはあまりに近しいものなのだ。[7]

ニーチェが遺稿や手紙の中でエマソンにたびたび言及していることは、今日、研究者の間では周知の事柄である。手紙の場合の例をいくつか挙げれば、ニーチェには、フランツ・オーヴァーベック（Franz Overbeck, 1837–1905）という親しい友人がいた。彼は、バーゼル時代のニーチェの同僚の一人で神学者である。彼の妻イーダ・オーヴァーベック（Ida Overbeck, 1848–1933）もニーチェの親しい友人であった。ニーチェは、一八八三年一二月のフランツ宛ての書簡の末尾で、次のように述べている。

親愛なる君の奥さんに、僕はエマソンを兄弟（Bruder-Seele）のように感じている〔……〕と伝えてくれたまえ。[8]

また、一八八四年四月七日付けのフランツ宛ての手紙の末尾でも、ニーチェはエマソンに言及して次のように言う。

エマソンと、尊敬する君の奥さんは、どうしているかな。[9]

2　『楽しい知識』の場合

ニーチェとエマソンのこうした近しい関係を、私たちは『楽しい知識』（*Die fröhliche Wissenschaft* [1882/1887]）にも見ることができる。ニーチェは、一八八二年に出版した『楽しい知識』第一版[10]の扉で、エマソンの言葉を少し変えたものを、次のようにモットーとして掲げている。

「詩人と賢者にとっては、すべてのものが親しく聖なるものであり、すべての体験が有益で、すべての日々が神聖で、すべての人々が神的である。」（エマソン）[11]

また、同じ『楽しい知識』の第九二節で、彼はエマソンに言及して次のように述べている。

今世紀に散文の達人の域に達したのは、四人の、きわめて希な、真に詩的な人々であった〔……〕。〔……〕散文の達人と呼ぶにふさわしいのは、ジャコモ・レオパルディ、プロスペル・メリメ、ラルフ・ウォールドウ・エマソン、それに、『空想談話』の作者ウォルター・サヴェージ・ランダーだけだと私は思う。[12]

ニーチェはこのように、エマソンの言葉を掲げた上で、さらに「散文の達人」として彼を称えるのだが、そもそもその書の表題である『楽しい知識』(Die fröhliche Wissenschaft) そのものが、エマソンの自己理解と呼応するものであった。

ニーチェは一八八七年の『楽しい知識』第二版[13]において、ドイツ語の表題の Die fröhliche Wissenschaft に、そのルーツをなす la gaya scienza というオック語（主としてフランス南部で使用されてきた）の表現を加えた。la gaya scienza は、ヨーロッパ中世のオック語を用いる抒情詩人もしくは彼らが作った叙情詩を歌う人々――「トルバドゥール」(Troubadour) ――が、自分たちの詩を呼ぶときに使った名称で、「楽しい知識」を意味する。エマソンはこの「楽しい知識」のことをよく承知していて、一八四一年七月六日の日記に次のように記した。

おお、汝ら、年老いた幽霊たちよ。汝ら、空中に地下牢を建てし者たちよ。一瞬たりともおまえたちの言いなりになるものか。一瞬たりとも哀れなおまえたちの仲間になるものか。毎週私は、自然のあらゆる暗号の中に私の任務を読み取る時間を得、私が別の役割を担っていることを知る。すなわち、《楽しい知識》を語る人 (professor of the Joyous Science)、神秘的調和と隠れた美を発見しそれを生き生きと描写する人、礼節と高潔さと学識と知恵を伝える人、《同じ法則》を肯定するとはいえ、それを音楽やダンスにおいて肯定する人々のように肯定する人、《魂》の聖職者ではあるが、それを健康と調和した力の美を通してほめたたえたいと思う人としての役割である。[14]

そして、彼は一八四二年一月二〇日の「期待」(Prospects) と題された講演でこの文言の一部を使用し、[15] また、ずっとあとの一八七六年六月二八日にバージニア大学で行った講演「学者」(The Scholar) でも、右の日記の言葉を少し変えて、次のように述べた。

> 慎重で悲観的な世代に特に必要な学者の役割というのは、(中世に詩人がそう呼ばれたように)《楽しい知識を語る人》(Professors of the Joyous Science) であり、神秘的調和と隠れた美を発見し、それを生き生きと描写する人であり、礼節と高潔さと学識と知恵を伝える人であり、同じ法則を肯定するとはいえ、それを音楽やダンスにおいて肯定する人々のように肯定する人〔……〕であることだと、私は思います。[16]

ニーチェはエマソンのこうした言葉に促されて、自らの著書の表題を『楽しい知識』にしたと考えられる。[17] このように、ニーチェが「楽しい知識」という知識観をエマソンと共有しており、エマソン同様、自らを「楽しい知識を語る人」とみなしていたことは、確かである。

ついでながら、ニーチェの『楽しい知識』の中には、あの有名な言葉――「神は死んだ」――が出てくる。この言葉は、次のような仕方で現れる。

> 新たな戦い。――仏陀が亡くなったあとも、人々はなお何百年もの間、仏陀の幻影を、ある洞窟の

中に掲げた――巨大な身の毛もよだつ幻影を。神は死んだ（Gott ist todt）。だが、人間どもの流儀からすると、おそらくこれから何千年も、人々が神の幻影を掲げる洞窟が存在するであろう。――そして私たちは――私たちもまた、依然として神の幻影にうち勝たなければならない。[18]

神を埋葬する墓掘人たちの喧噪がまだ聞こえてこないか。神の腐る匂いがまだしないか――神々も腐るのだ。神は死んだ。神は死んだままだ。そして、私たちが神を殺したのだ。[19]

私たちの朗らかさが意味するもの。――近代の最大の出来事――「神は死んだ」ということ、キリスト教の神の信仰が、信じるに値しないものになったこと――は、すでにヨーロッパ中に、その最初の影を投げかけ始めている。[20]

もとより、「神は死んだ」というこの言葉は、『楽しい知識』にのみ見られるものではない。一八八三年から一八八五年にかけて刊行された『ツァラトゥストラはこう語った』（*Also sprach Zarathustra*）でも、いくつかの箇所にこの言葉が認められる。それは例えば、次のような仕方で現れる。

しかし、ツァラトゥストラが一人になったとき、彼は自分の心にこう語った。「いったいこんなことがありうるのだろうか。この年老いた聖者は、自分の森の中にいて、神は死んだということについて、まだなにも聞いていていないのだ。[21]」

> 「すべての神々が死んだ（Todt sind alle Götter）。今や私たちは、超人が生きることを欲する。」いつの日か、大いなる真昼において、これが私たちの最後の意志とならんことを。[22]

注意しなければならないのは、この「神は死んだ」という言葉もまた、エマソンの言葉との間に暗黙の符合が認められるという点である。

エマソンは、一八三八年にハーバード大学神学部で行った講演において、歴史的キリスト教の欠陥を指摘するに際して、次のように述べた。

> 人々は、啓示のことを、遠い昔に与えられ、なされてしまったこととして、語るようになっています。まるで神が死んでしまったかのようです。[23]

ニーチェがエマソンのこの言葉を知っていたかどうかは確認できない。しかし、両者のキリスト教の状況把握そのものに、かなりの近さがあったことは確かである。

3　『偶像の黄昏』の場合

ニーチェ自身が公刊した著作の中でエマソンに言及した事例を、もう一つ挙げておこう。ニーチェは、一八八八年の『偶像の黄昏』（*Götzen-Dämmerung*［1888］）の「反時代的な者の遊撃」の第一三節で、エマソンを取り上げて次のように言う。

エマソン。――カーライルよりも、はるかに偏見がなく、あれこれと思いをめぐらせ、多様で、洗練されていて、なによりもまず幸福である。〔……〕エマソンには、あらゆる深刻さに水を差すあの善良で才気溢れる朗らかさがある。彼は、自分がすでにいくつなのか、自分がこれからどれほど若くなるかを少しも知らない。[24]

公刊された著書においてニーチェが示すエマソンとのこうした関わりは、ニーチェにとってエマソンが重要な存在であることを示している。だが、エマソンがニーチェに対して与えた影響は、それらが示唆する度合いをはるかに超えて大きいものであったことを、私たちはニーチェの他の書き物をも念頭に置いて、明確に理解しておかなければならない。

4　エマソンとの出会い

ニーチェがエマソンとどのように出会ったかを見るために、ニーチェの伝記的な事柄についてここで若干述べておきたい。

フリードリッヒ・ヴィルヘルム・ニーチェは、一八四四年一〇月一五日に、プロイセン王国ザクセン州のレッケン（Röcken）に生まれた。父カール・ルートヴィッヒ・ニーチェ（Carl Ludwig

Nietzsche, 1813–1849）は、レッケンとその近傍のミヒリッツ（Michlitz）およびボートフェルト（Bothfeld）（今はレッケンもミヒリッツもボートフェルトもリュッツェン［Lützen］という町の一部になっている）のルター派の牧師で、その父（ニーチェの父方の祖父）フリードリッヒ・アウグスト・ルートヴィッヒ・ニーチェ（Friedrich August Ludwig Nietzsche, 1756–1826）は、司教や主教とほぼ同格の、ルター派の監督を務めた。

ニーチェの母、フランツィスカ・ニーチェ（Franziska Nietzsche, 1826–1897, 旧姓エーラー［Oehler］）は、同じくルター派の牧師であった父ダーフィット・エルンスト・エーラー（David Ernst Oehler, 1787–1859）と、母ヨハンナ・エリーザベト・ヴィルヘルミネ・エーラー（Johanna Elisabeth Wilhelmine Oehler, 1794–1876, 旧姓ハーン［Hahn］）の子として、一八二六年に生まれた。

カールとフランツィスカが結婚したのは一八四三年、フランツィスカが一七歳のときのことである。家には寡婦となったカールの母のほか、カールの二人の姉妹、アウグステ（Auguste, 1815–1855）とロザーリエ（Rosalie, 1811–1867）がいた。翌一八四四年、一〇月一五日に、ニーチェ（フリードリッヒ）が生まれた。その日は、プロイセン王フリードリッヒ・ヴィルヘルム四世（Friedrich Wilhelm IV, 1795–1861）の四九回目の誕生日であったことから、彼は王の名に因んで「フリードリッヒ・ヴィルヘルム」と名づけられた。一八四六年には、妹のエリーザベト（Elisabeth, 1846–1935. のちにElisabeth Förster-Nietzsche と名乗った）が生まれ、また一八四八年には弟のルートヴィッヒ・ヨーゼフ（Ludwig Joseph, 1848–1850）が生まれたが、父カールは一八四九年に亡くなり、そのあと弟も二歳で亡くなった。

ニーチェはある経緯を経て、一八五八年の秋にポルタ学院（Schulpforta）に転入、一八六四年に卒業し、同年ボン大学に入学、翌年ライプツィヒ大学に移る。ニーチェがエマソンの著作を知るようになったのは、ポルタ学院在学中のことである。

一八六二年のニーチェの書き物の中に、次のような一節がある。

イースターの休暇の間に、「運命と歴史」という論文を書いた。そのほか、エマソンとビューヒナーを読み、芸術その他に関して刺激を受けた。[25]

また、同年の別の書き物には、次のような一節が見いだされる。

エマソン。友人たちのために本を要約。彼のものの見方はアメリカ的。「善は残り、悪は消え去る。」富について。美。すべての随筆から短い抜粋を。[26]

加えて、翌一八六三年の「最も多く読んだ本」のリストには、最初にエマソンの名前が挙げられている。[27]

エマソンには、たくさんの随筆や講演原稿があり、それらの多くはまとめて公刊されている。一八四一年にエマソンは『随筆集』(Ralph Waldo Emerson, *Essays* [Boston: James Munroe and Company, 1841])を出版、いわゆる *Essays: First Series* である。また彼は、一八四四年に、『随筆集――その二』(Ralph Waldo Emerson, *Essays: Second Series* [Boston: James Munroe and Company, 1844])を出版している。また、一八六〇年には随筆集『人生の生き方』(Ralph Waldo Emerson, *The Conduct of Life*

〔Boston: Ticknor and Fields, 1860〕）を出版し、さらに一八七六年には、『文学と社会的目的』（Ralph Waldo Emerson, *Letters and Social Aims*〔Boston: James R. Osgood and Company, 1876〕）を刊行している。

今挙げたものは、エマソンの作品の一部にすぎないが、いずれも重要な作品ばかりである。そして、それらはいずれも、ドイツ語訳が、さほどの時を経ずして刊行されている。一八五八年には、『随筆集〔――その一〕』と『随筆集――その二』のほとんどをドイツ語訳して一書にした Ralph Waldo Emerson, *Versuche (Essays)*, trans. G. Fabricius（Hannover: Carl Meyer, 1858）が公刊され、また『人生の生き方』は、一八六二年にドイツ語版 Ralph Waldo Emerson, *Die Führung des Lebens: Gedanken und Studien*, trans. E. S. v. Mühlberg（Leipzig: E. F. Steinacker, 1862）が出版された。加えて、『文学と社会的目的』のドイツ語版は、Ralph Waldo Emerson, *Neue Essays (Letters and Social Aims)*, trans. Julian Schmidt（Stuttgart: August Berthold Auerbach, 1876）として、一八七六年に刊行されている。

ニーチェは、一八六二年に『人生の生き方』のドイツ語版 *Die Führung des Lebens*（1862）を入手、一八六四年頃には *Versuche*（1858）を手に入れている。彼はこの *Versuche* を一八七四年に旅の途中で失ったが、すぐに新しいものを購入している。また、ニーチェの蔵書には、『文学と社会的目的』のドイツ語版、*Neue Essays*（1876）があり、また、彼が別のエマソン関係の文献を所有していたことも知られている。

5　論文「運命と歴史」（一八六二年）

ポルタ学院に転校したニーチェは、その学校の管理された教育に心を満たされることがなく、課外活動として何人かの友人たちと「ゲルマニア会」（Germania）という文化サークルを始めた。ニーチェはこのゲルマニア会で発表するための論文と、その会との関係において書かれたと推定される論文を、一八六二年、一七歳のときに執筆している。「運命と歴史」（Fatum und Geschichte）[28]と、「意志の自由と運命」（Willensfreiheit und Fatum）[29]である。

これら二つの論文は、エマソンの『人生の生き方』に収載されている「運命」（Fate）[30]と深い関わりがある。実際ニーチェはそれぞれの論文の中で、「運命」に見られるエマソンの言葉に言及している。今「運命と歴史」について言えば、ニーチェは次のように語っている。

何が私たちの人生の幸福を決めるのか。出来事の渦に押し流されている私たちは、それを、そうしたもろもろの出来事に負っているとすべきなのか。あるいはむしろ、私たちの気質が、あらゆる出来事の、いわば色調をなしているのではないか。すべてが、私たち自身の人格の鏡の中で、私たちに立ち向かってくるのではないか。そして、もろもろの出来事は、いわばただ私たちの運命の調性を指示するだけであって、運命が私たちに降りかかってくるときのその強さや弱さは、ひたすら私たちの気質に依存しているのではないか。才気溢れる医者に聞いてみろと、エマソンは言う。気質が決定しないものはあるのか、そして、それはいったい何を決定しないのかと。[31]

発言である。

「エマソンは言う」とニーチェが言っているのは、エマソンの「運命」の次の箇所に含まれる彼の発言である。

シュプルツハイムに、医者たちに、ケトレに聞いてみよ。気質は何も決定しないのか――あるいは、気質が決定しないものはあるのか――と。医学書の中の、四つの気質について書いてあることを読んでみよ。そうすれば、君は自分がまだ言ったことのない自分自身の考えを読んでいると思うだろう。人々の交わりの中で黒い目や青い目がそれぞれどんな役割を演じるか、考えてみよ。人間は、自分の先祖から逃れ、自分の父や母の生命から引き継いだ黒い血を自分の血管から排除することが、どうしてできるだろうか。[32]

（シュプルツハイム［Johann Gasper Spurzheim, 1776–1832］はドイツの医師で骨相学者、ケトレ［Lambert Adolphe Jacques Quételet, 1796–1874］は、ベルギーの数学者、天文学者、統計学者である。）

「運命と歴史」には、このようにエマソンへの言及が認められるが、それだけではない。ニーチェの論調そのものが、すでにエマソン的である。

エマソンの「運命」は、人間はさまざまな制約のもとにあるという認識を基盤とする。先の引用箇所にもあるように、人はそれぞれ自分の気質、自分の身体の中に受け継がれている先祖のさまざまな体のあり方に応じた体質を受け継いでいる。自分の身体がどうあるかが、すでに私たちの生き方をかなりの程度において決定している。

こうした人間の身体構造だけでなく、自然の諸法則、社会の現状といったものは、自分の意思とは関わりなくすでにそうなっていて、私たちの生き方をさしあたっては否応なく制限している。エマソンは、これを「運命」として捉える。エマソンは「運命」について、次のように語る。

私たちが通例《運命》と呼んでいる、自然の全体を貫いている要素は、私たちには制限（limitation）として知られている。私たちを制限するものを、すべて私たちは《運命》と呼ぶ。[33]

エマソンは、この《運命》とともに、私たちの生き方に深く関わるものとして、「力」（power）について語る。

《運命》はいたるところで限界（bound）ないし制限となる。しかし、《運命》にもその主人がいる。制限にもその限界（limits）がある――《運命》は、上から見るか下から見るか、内側から見るか外側から見るかで異なる。というのも、《運命》は強大であるが、二元的世界（the dual world）におけるもう一つの事実である《力》もまた、強大だからである。もし《運命》が《力》につきまとってこれを制限するなら、《力》は《運命》につきまとってこれに対抗する。[34]

この「力」は、人間が持つ「自由意志」（freewill）の力である。エマソンは言う。

人間はまた、自由意志を無視するわけにはいかない。矛盾を覚悟で言うなら――自由は必然である。もし君たちが《運命》に味方して「《運命》がすべてだ」と言うなら、《運命》の一部が人間の自由なのだと私たちは言う。魂の中には、選択と行動の衝動が絶えず湧き上がってくる。知性は《運命》を無効にする。人間は考える限り自由である。[35]

また彼は、運命について次のようにも言う。

〔……〕《運命》がきわめて優勢であるとしても、人間もまた《運命》の一部であって、運命をもって運命に立ち向かうことができる。〔……〕一撃に無限の力があるのなら、反撃にも無限の力がある。[36]

エマソンは、私たちが持つこうした運命への反撃力として、さらに「高貴な、創造的な力」（the noble creative forces）に言及し、次のように語る。

しかし、《運命》をもって《運命》に対抗するというのは、受け身や防御にすぎない。高貴な、創造的な力もまた存在している。《思想》の啓示は人間を隷属状態から自由へと向かわせる。私たちは生まれたあとでもう一度生まれ、こうして何度も生まれ直しているのだというのは、そのとおりである。〔……〕そして、真理が私たちの心に訪れると、私たちは、まるで自分たちがそれぞれに世界へと成長するかのように、心を突如真理の大きさへと拡大する。私たちは、立法者になる。私たちは、自然を代弁する。私たちは、予言であり聖職者である。[37]

この「心」について、エマソンはまた次のように言う。

心が私たちの中にあるのではなく、私たちが心の中にある。それは作るもの（maker）であって、作られるものではない。あらゆるものが、それに触れられ、変えられる。[38]

そして、その際に働くのが、先ほどの「自由意志」ないし「意志」（will）である。

意志の力（energy of will）を生み出すためには、これら二つのもの〔洞察と愛〕が融合しなければならない。人間をその人の意志に転化することによって意志にし、意志を人間にするのでなければ、推進力はありえない。[39]

この意志の力によって、人間は運命を「乗りこなし[40]」、「自分の激情や妨げとなるもろもろの力を、武器や翼に変える[41]」のである。

このように、エマソンは人間が運命を背負っていることを基本的事実としながら、人間が、知性を働かせ意志の力によってそれを克服することによって新たな生き方へと進んで行くことを称揚する。

他方、ニーチェの「運命と歴史」は、

もし私たちが、自由な偏見のない眼差しでキリスト教の教義と教会史を眺めることができるとした

ら、私たちは世間一般の考えに反する多くの見解を表明しなければなるまい[42]
というキリスト教批判の言葉から始まる。ニーチェはこのキリスト教批判が容易なものではないことを縷々説きつつも、「歴史」と「自然科学」を頼りとしてことをなそうとする。そして、「偉大な歴史家は、偉大な哲学者同様、予言者（Prophet）になる」[43]と言う。ここには、私たちが常に新たな見方を開くことのできる存在だという確信がある。

エマソン同様、ニーチェにとっても、私たちはさまざまな仕方で制限を受けている存在である。その意味で、私たちはさまざまな運命のもとにある。すでに強力な力を持つものとして成立しているキリスト教も、その一つである。私たちは、そうした強力な運命に対して、どのように対処していけるのか。そうした文脈の中で、ニーチェは、自由意志と運命について、次のように言う。

自由意志（der freie Wille）は、束縛のないもの、随意のものとして現れる。それは、限りなく自由なもの、あれこれと思いをめぐらすもの、すなわち精神である。しかし、運命は、必然である〔……〕。運命は、自由意志に対抗する限りない力である。運命のない自由意志は、現実的なもののない精神や、悪のない善と同じように、考えることができない。というのも、それらは、〔両者の〕対立があってはじめて、固有の性質を持つことになるからである。[44]

こうして、ニーチェにとっても、運命に対抗するものとして自由意志が取り上げられ、それが物事の新たな捉え方、新たなあり方、新たな歴史を開くとされる。

ニーチェのこの考え方は、エマソンの見解と軌を一にする。そこでは、意志の力が必須の役割を担うとともに、新たな展開に定まったゴールがあるとの示唆はなく、その反対である。こうして、ニーチェが一七歳でものした「運命と歴史」には、ニーチェとエマソンのただならぬ密接な思想的関係が認められるばかりか、ニーチェがのちに重視する「力への意志」についての発想のプロトタイプを、私たちはそこに垣間見ることができる。[45]

エマソンに鼓舞されながら、ニーチェは自身の思想を展開していった。本章後半部では、そのニーチェがいかなる意味で「詩としての哲学」の思想を支えることになったかを見る。

6 ニーチェとプラトン主義

「詩としての哲学」の思想は、明確な反プラトン主義である。そして、この反プラトン主義的立場を鮮明にした哲学者の一人が、ニーチェであった。

彼は、円熟期の作品の一つである『善悪の彼岸——未来の哲学の序曲』(*Jenseits von Gut und Böse: Vorspiel einer Philosophie der Zukunft* [1886])の「序説」において、哲学的「独断論」はすべて「高尚な児戯であり初心者の戯れ[46]」にすぎないと言う。ニーチェによれば、プラトン主義はこうした独断論の典型であり、「純粋な精神と善そのものというプラトンの虚構[47]」は、「あらゆる誤謬のうち、最悪の、最も長く続く、最も危険なもの[48]」である。しかも、キリスト教は、彼によれば、「『大衆』のためのプラトン主義[49]」であるから、ヨーロッパは非常に長期にわたって、しかも非常に広範に、「プラトンの虚構」に支配されていたことになる。そうしたヨーロッパの現状について、ニーチェは次のように言う。

しかし、その誤謬が克服され、ヨーロッパがこの悪夢から解放されて胸をなでおろし、少なくとももっと健康な――眠りを享受することができる今、私たちの課題はまさに目覚めて油断なく見張っていることであり、私たちはその誤謬との戦いによって大きく育てられた力のすべてを継承する者である。プラトンがしたように精神と善について語ることは、言うまでもなく、真理をひっくり返し、あらゆる生の根本条件であるそれぞれの視点から見ること（das Perspektivische[50]〔遠近法的な見方〕）を、自ら拒絶することを意味する。〔……〕古代の最も美しい人間に、プラトンの身に、あのような病気がどこからやってきたのか。それこそあの邪悪なソクラテスが、彼を堕落させたのではないか。ソクラテスは、若者を誘惑し堕落させる人ではなかったのか。[51]

右のニーチェの言葉は、彼の視点を明確に示している。彼によれば、われわれは今やプラトンが仕組んだ悪夢から解放されて、「生の根本条件」としての「それぞれの視点から見ること」（遠近法的な見方）を取り戻さなければならない。プラトンを病気にさせたのは、紛れもなく、彼を誘惑し堕落させたソクラテスである。右の引用箇所の最後に出てくる、「誘惑し堕落させる人」と訳した Verderber は、聖書では「悪魔」を意味する。このことからもわかるように、断罪されるべきはソクラテス＝プラトンの思想であり、手にすべきは「それぞれの視点から見ること」（遠近法的な見方）である。

7 「生」を基盤として

ニーチェは「真理」や「真理への意志」や「無私の行為」や「賢者の純粋で燦然とした洞察」を例に挙げ、こうしたものがその反対の「誤謬」や「偽りへの意志」や「利己心」や「情欲」から出てくるはずがないとする見解を断罪する。[52] 前者を特別視する人々は、それらの根源を、「変わらないもの」や「隠された神」などといった特別なものに由来するとする。[53] しかし、ニーチェによれば、そうした考えはただの「先入見」であり「信仰」にすぎない。[54] ニーチェに言わせれば、それは「とりあえずのものの見方」(vorläufige Perspektiven)[55] にすぎないのである。彼は言う。

真なるもの、真実のもの、無私なるものにどのような価値が帰せられようと、見かけだけのものや偽りへの意志、利己心や情欲に、あらゆる生にとってより高くより原理的な価値が帰せられなければならないということがあるかもしれない。[56]

ここでニーチェは「あるかもしれない」と言っているが、むしろそうだというのがニーチェの真意である。つまり、彼は、プラトン主義の形而上学がただの思い込みによってまことしやかに語ってきた「真なるもの、真実のもの、無私なるもの」に価値があるという妄想を覆して、すべての価値づけを「生」の観点から根本的に見直そうとする。

生物学的ヴォキャブラリーの使用は、ニーチェの思想の特徴の一つである。彼は「本能」(Instinkt)

や「遺伝」(Vererbung) や「生得のもの」(das Angeborene) を重視し、私たちの「意識的思考」もその大部分がそうしたものによって「密かに導かれている」とする。[57] 彼は次のように言う。

あらゆる論理と、その動きが持っているかのように見える自律性の背後にも、価値評価が隠れている。もっとはっきり言えば、そこにもまた、特定の種類の生を維持するための生理的要求が隠れている。[58]

論理は中立的だと思い込まれがちであるが、ニーチェに言わせれば、そこにもまたある価値評価が働いている。例えば、「確定的なものは不確定なものよりも価値がある」[59] とか、「見かけだけのものは「真理」ほど価値がない」[60] とかいった価値評価がそこにはあり、そうした優劣の順位づけもまた「私たちのような生物を維持するために必要な」[61] 評価の一つである(但し、ニーチェはそうした評価を「愚かなこと」(niaiserie)[62] と見るのではあるが)。

ニーチェが「生」を基盤として物事を見ようとしていることは、彼の次の言葉からも十分に見て取れるであろう。

私たちにとっては、ある判断が偽であっても、それだけではその判断に対して異議を唱える理由にはならない。〔……〕問題は、その判断がどれほど生を促進し、生を維持し、種を維持し、場合によっては種を繁殖させるかである。〔……〕最も偽なる判断(その中にはアプリオリな総合判断も含まれる)は私たちにとって最も欠くことのできないものであり、論理的虚構を承認しなければ、現実を、純粋に仮構された、無条件のもの、自己同一的なものの世界と比較しなければ、数によって世界を恒常的に捏造しなければ、人間は生きることができないであろう――偽なる判断を放棄することは、生を放棄することであり、生を否定することであろう。非真理を生の条件と認めることは、言うまでもなく、慣れ親しんだ価値感情に危険なやり方で反抗することである。そして、それをあえてする哲学は、それだけですでに善悪の彼岸に立っている。[63]

ここでニーチェは「問題は、その判断がどれほど生を促進し、生を維持し、種を維持し、場合によっては種を繁殖させるかである」と言い、生と種の維持促進に資するかどうかが問題であって、それに資するのであれば、真理・非真理の区別は問題ではないことを示唆する。右の引用箇所の最後で彼は「非真理を生の条件と認めることは、言うまでもなく、慣れ親しんだ価値感情に危険なやり方で反抗することである」と言う。それは、真理中心主義のヨーロッパの伝統に対する反逆を彼がなそうとしていることを意味し、それを彼は、伝統的な「善悪」の「彼岸」に立つことと見ている。

8　哲学者の不正直

先ほど私は「断罪されるべきはソクラテス＝プラトンの思想であ〔る〕」と言ったが、ニーチェによれば、すべての哲学者が断罪されなければならない。なぜなら、彼らは正直ではないからである。彼らは自分の意見が「先入見」であり「願望」であるにもかかわらず、あとから理由をこじつけてまことしやかにそれを弁護し、あたかもそれが、「冷静で純粋で神のように超然とした弁証法の自己展開」によって発見された「真理」であるかのように主張する。カントとて例外ではない。ニーチェはカントに手厳しく、次のように言う。[64]

老獪なカントは、堅苦しくもあり控えめでもある自らの偽善によって私たちを誘惑し、彼の「定言命法」へと通じる——より正しくは、彼の「定言命法」へと誘い込む——弁証法的抜け道へと向かわせる。カントのこのお芝居は、私たち道楽者を、笑わせてくれる。私たち道楽者は、老獪な道学者や説教好きの抜け目のない悪巧みを監視することに、大いなる楽しみを見出す。[65]

先ほどの引用箇所でも「最も偽なる判断」の例としてカントの言う「アプリオリな総合判断」が挙げられていたが、ニーチェにとってカント哲学は悪しき哲学の典型である。カントの手法はニーチェには「抜け目のない悪巧み」でしかない。ニーチェにとって、本来哲学は、生に根ざしたそれぞれの根本衝動（Grundtrieb）が自らの欲する生き方を展開したものである。つまり、哲学とは自身が欲する道徳にほかならないにもかかわらず、哲学者は自らの哲学がそうしたものとは関わりなくある特別な能力によって発見されたものであるかのように自らの営みを偽装する。ニーチェによれば、プラトン主義はもとより、スピノザの哲学もカントの哲学も、自らのそうした欺瞞から目をそらしている。[66]その意味で、哲学者は「芝居」（Schauspiel）を演じる者、すなわち「俳優」（Schauspieler）である。

9　生きること

哲学もまた生に根ざしている。生から現れ出る衝動が哲学を生む。その生は、自然（Natur）の一部には違いない。だが、生は、自然において特殊である。ニーチェは自然について、次のように言う。

〔自然は〕際限なく浪費し、際限なく無関心で、下心も遠慮もなく、慈悲も正義もなく、多産で不毛で不確かである〔……〕。[67]

これに対して、生はそうした自然のあり方から抜け出そうとするものである。彼は次のように言う。

生きるということは、まさにこの自然とは別のあり方をしようと欲することではないか。生きるということは、評価すること、選ぶこと、不公平なこと、制限されること、異なることを欲することではないか。[68]

このように、生は、評価し、選び、異なっていることを求めるものであり、その一つの営みとしての哲学もまた、自身の好むあり方を主張する。その哲学は、世界のあり方についても、自分の好むように捉える。この点について、ニーチェは次のように言う。

哲学は世界を常に自分の像（Bild）に合わせて創造する。哲学はほかのやり方ができない。哲学はこの専制的衝動そのものであり、力への、「世界の創造」への、第一原因への、最も精神的な意志である。[69]

ニーチェの考え方は、ある意味でわかりやすい。基本は「自然」であり、この自然には、先に見たような特徴があるものの、そこには、評価や、選択や、なにかを求めるということはない。そして、生もまた、その自然のうちにあるものではありながら、これはまさしく「評価し、選び、異なっていることを求めるもの」であり、そこにさまざまな価値評価が成立する。哲学もそうした生の営みには違いないが、ヨーロッパの伝統的哲学は自己欺瞞に陥っており、それ自身がこうした営みであることを無視して、確固たるなにかをある仕方で発見するものと、自らを偽って捉えるのである。

10　学問と理性に対して

右の引用箇所で、ニーチェは哲学を「力への〔……〕最も精神的な意志である」と言っていた。そもそもニーチェによれば、「生あるものは、自らの力（Kraft）を放出させようとする」[70]ものであり、「生そのものが力への意志である」（Leben selbst ist Wille zur Macht）[71]。物理学も哲学同様そうした生の営みであって、哲学が世界をあるがままに捉えるのではなく自分が好むように捉えると見られるのと同じように、物理学もまたあるがままの世界を解明するのではなく、世界を解釈し整理するものとして捉え直される。ニーチェは次のように言う。

（失礼ながら、私たちの見解によれば）物理学もまた、世界を解釈するもの（Welt-Auslegung）もしくは世界を整理するもの（Welt-Zurechtlegung）にすぎず、世界を解明するもの（Welt-Erklärung）ではない。[72]

ニーチェは学問的方法が「人類のすべての情念」[73]を敵に回しながら、それ自身もまた情念のなせる業であって、その情念は彼の嫌う「道徳」によって訓練された「学問的性格として具現化したより穏やかな種類の情念」[74]であると言う。このように、ニーチェは学問的営みが他の人間の営みとは異質のものと見ず、それもまた生に根ざしたものでありながら、自らをひどく誤解しているとする。

彼は従来の学問観のさまざまな面を捉えて、それがどのように自らを誤解しているかを説く。例えば彼は、学問は真理を最終的に獲得する営みであって、その真理が得られれば以後は安んじてそれに従えばいいという考え方に対して、次のように言う。

世界のなんらかの全体的考察のうちで、以後それに甘んじて安らうことに対する深い嫌悪。これと反対の思考法の魅力。謎めいた性格の刺激を奪わないこと。[75]

また、そうした考察を行う能力としての「理性」に対しては、それを「神の誠実さ」を信じたことの結果であるとして、次のように言う。

> 物事の根本はそれほど道徳的なのだから、人間の理性はあくまでも正しい——この思い込みは、無邪気なものであって、実直な人〔＝偽善者〕の思い込みであり、神の誠実さの信仰の余波である——神は事物の創造者と考えられていた。——それらの概念は、かつて彼岸にあったことの遺産である。[76]

また、知性を批判するというカント的な営みに対しては、ヘーゲル同様知性が知性を批判することはできないとして次のように言う。

> 知性は自らを自ら批判することはできない。それはまさしく、知性は性質が異なる知性と比較することはできないし、知性の認識能力は「真の現象」に直面してはじめて露見するだろうからである。すなわち、知性を批判するためには、私たちは「絶対的認識」を持つより高次の存在でなければならないだろうからである。このことはすでに、あらゆる種類の遠近法的観察や遠近法的な感性的精神的習得から離れて、なにかがある、「それ自体」があるということを前提している。——しかし、物がどのようにして信じられるようになるかを心理学的にたどるとき、私たちは「物自体」について語ってはならないことがわかる。[77]

11　解釈としての認識

こうして、私たちは、ニーチェの認識観により深く立ち入ることになる。彼にとって、「物自体」については、私たちは語りようがない。私たちに与えられるのは、物自体と対照をなすものとしてこれまで「現象」と呼ばれてきたものだけであり、私たちはそれを、ある視点から解釈し、自分なりの理解にもたらそうとする。これについて、ニーチェは次のように言う。

私は、内的世界についても、その現象性に固執する。私たちが意識するすべてのものは、徹頭徹尾、まずは整えられ、単純化され、図式化され、解釈されている――内的「知覚」の本当の出来事、もろもろの考え、もろもろの感情、もろもろの欲求の間の因果的結合は、主観と客観の間の因果的統合同様、私たちにはまったく隠されている――それはおそらく純然たる想像の産物にすぎない。この「見かけの内的世界」は、「外的」世界とまったく同じ形式と手続きによって扱われている。私たちは「事実」に行き当たることはない。快と不快はあとから引き出された知性の現象である……。[78]

また彼は、次のようにも言う。

現象のもとにとどまって「あるのは事実だけだ」と主張する実証主義に対して私は言うであろう。

そうではない。事実などないのであって、あるのは解釈だけだ、と。私たちは事実「自体」をつきとめることはできない。おそらく、そのようなものを欲するのは無意味であろう。「すべては主観的だ」と君たちは言う。しかし、それがすでに解釈なのだ。「主観」は与えられたものではなく、捏造して加えられたものであり、背後に挿入されたものである。──解釈の背後になおも解釈者を措定することは、結局のところ必要なのか。それがすでに創作であり、仮説なのだ。

およそ「認識」という言葉が意味をもつ限り、世界は認識することができる。しかし、世界は別様に解釈することができる。世界はそれ自身の背後にいかなる意味も持たず、数えきれない意味を持っている。「遠近法主義」(Perspektivismus)[79]。

このように、ニーチェにとって、すべての認識は、ある意図のもと、ある視点から行う「解釈」、すなわち、遠近法的解釈にほかならない。「私たちは「物自体」について語ってはなら」ず、物自体のようなものを考えるのもまた、一つの解釈にすぎない。今、力への意志の形而上学を度外視して、ニーチェのこの認識観にのみ焦点を合わせるなら、その限りにおいて、この認識観は、世界の立法者として新たな円をどこまでも描き続けるというあのロマン主義的想像力重視の立場に、認識論的アシストを与えるものにほかならない。

第3章　ハイデッガーの二面性——「思索」と「存在」

はじめに

「詩としての哲学」を語るとき、ハイデッガーを取り上げないわけにはいかない。彼は『存在と時間』（*Sein und Zeit*［1927］）以後、「思索」（Denken）と「詩作」（Dichten）とを重ね合わせ、自らの独自の思考が持つ「思索」としての性格を強調した。ローティは、ハイデッガーにおけるこの思索と詩作との密接な関わりを念頭に置き、ハイデッガーの後期思想を「メタファーとしての哲学」と呼んだ[1]。次章で論じるように、ローティにとって「メタファー」とは、言葉の新たな用法によって物事の新たな見方・捉え方を切り開く、きわめて重要な役割を担う言語行為である。つまり、ローティはハイデッガーの思想をこのように名づけることによって、それとシェリー＝エマソン＝ニーチェ流の創造推奨型哲学との、ある点での近さを示唆するのである。

だが、ローティが結局はハイデッガーの後期思想を評価しないように[2]、ローティ的な「詩としての哲学」の観点から見たとき、そこにはいくつかの問題がある。まずローティの言うように、前期ヴィトゲンシュタインが、世界の全体を眺める特異な地位に自らを置き、あたかも神の視点に立つ者であるかのように振る舞ったのと同じように、後期のハイデッガーは自らを、古代から近代に至りニーチェによって完結した西洋の形而上学を、「思索者」（Denker）として全体的に捉えることができる希有な人物として特別視した。さまざまなしがらみと決別し、他とは異なる、いわば「清澄な」高みに立つ孤高の人であるかのように自らを捉えるこの根本的な自己把握は、新たな考え方によって他者とともに世界と社会と自分を変えていこうとするローティ流の「詩としての哲学」とは決定的に異なる。また同時に、ハイデッガーの後期思想には、一人の人間としての詩的な営みとともに、それを導く自分以外のなにか――すなわち「存在」なるもの――が、常に思索者の相関項として取り上げられ、両者の緊張関係がその思想を特徴づけている。

このあとのほうの特徴は、人間と、人間ならざるなにかという、古代ギリシャの二項関係的把握様式の残滓のように、私には思われる。人間が新たな見方を切り開くとしても、それが人間ならざるなにか、人間以外のなにかの統制下になければ、単なる恣意に留まるのではないかという懸念が、ここにはあるように見える。

それと同時に、この懸念は、自らを特殊な人間と捉えるハイデッガーの自己認識と連動しているように、私には思われる。きわめて把握しがたい、人間ならざるものとしての「存在」に導かれながら、己が思索を続けるというこのイメージは、私には、神に最も近いがために他の人間にはなしえない役割を自分は担っているという、かつてのキリスト教的聖職者の自己認識の残滓のように見えるのである。

本章では、ハイデッガーの「思索」に焦点を当て、彼がどのような意味で「思索者」を創造者と見ているか、そして、彼のそうした考え方に対して、私たちは「詩としての哲学」の観点からそれをどのように見る必要があるかを明らかにする。また、本章末尾では、そうした事柄との関連において、ハイデッガーがニーチェをどのように捉えたかを見る。

1 「存在」に魅せられて——そしてケーレ

聖職者になるため奨学金を得てギムナジウムに編入したハイデッガーは、フランツ・ブレンターノ（Franz Brentano, 1838–1917）の学位論文『アリストテレスによる存在者の多様な意味について』（*Von der mannigfachen Bedeutung des Seienden nach Aristoteles*［1862］[3]）を読んで、「存在の問い」に関心を持つようになる。以後この問いは、ハイデッガーにとって、哲学の中心的問いであり続ける。

彼は、一九二七年の『存在と時間』で、存在の意味を問おうとした。そのため彼は、存在をすでにそれなりに理解している特異な存在者である私たち人間に着目して、これを「現存在」（Dasein）と呼び、この現存在の特殊なあり方（存在の仕方）を、「実存」（Existenz）と呼ぶ。そして、彼は、この現存在の実存の構造を解明し、現存在の存在一般の理解を可能にするものを明らかにする、「現存在の実存論的分析」を進めようとした。この現存在の実存論的分析が、「基礎的存在論」（Fundamental-ontologie）として、存在（あること）そのものを明らかにする存在論の基盤となるはずであった。つまり、現存在がそもそも存在をどのように理解しているかを解明することによって、そこから存在の意味を問おうとしたのである。

私たちが存在をどのように理解しているか。そしてそもそも私たちはいかに存在しているか。こうした私たちのあり方を探ることを通して存在論の中心問題である「存在とは何か」に答えようとするハイデッガーのやり方は、多くの人々に新鮮な驚きと感動を与えた。

しかし、やがてハイデッガーは、『存在と時間』に見られるこうしたやり方が、いまだ形而上学的思考を脱却しておらず、超越論的哲学の伝統に拘束されているとして、形而上学とは異なる仕方で存在を問う必要があると考えるようになる。これが「ケーレ」（Kehre 転回）である。存在は、現存在のあり方のみからではなく、隠れた「存在」が自らを明るみにもたらすその場に立とうとすることによって、これを思索し、これを受け入れなければならないとされる。存在と、存在を忘却した哲学は、「存在の歴史」における存在の開示との関係において、その捉え直しが試みられる。

この件について、例えば彼は『四つのゼミナール』（*Vier Seminare*）のうちの、一九六九年にル・トール（Le Thor）で行われたゼミナールの中で、自らの思索の三つのフェイズ（「存在の意味」、「存在の真理」、「存在の場所」）に言及して次のように言う。

> 『存在と時間』から生まれてきた思索は、存在の意味（Sinn von Sein）という言葉を存在の真理（Wahrheit des Seins）のために放棄することによって、爾後〔……〕現存在の開けよりも存在そのものの開けを強調する。
>
> それは「転回」（Kehre）を意味し、そこにおいては思索はよりいっそう断固として存在としての存在に向かう。[4]

ここに言われているように、ハイデッガーは現存在が存在をどう理解するかよりも、存在がどう自らを示すかに重きを置く。先の言い方では、人間よりも人間ならざるなにかを優位に置くのである。

2　フッサールのハイデッガー批判

私自身、「私」という現存在から、そこに現れ理解される事柄を解明しようとするハイデッガーの『存在と時間』のやり方に、魅力を感じた者の一人であった。『存在と時間』には、思索する自分自身を問い、そこから事柄を明るみにもたらそうとする、明確な誠実さがあった。しかし、存在そのものに大きな役割を担わせようとするのちのハイデッガーは、私には不健全に見える。

自分ではないものについての考察は、常に批判的な視点が必要である。自分ではないものを対象とはしているものの、それについての考察はまさしく自分の視点からの考察ではないのか――自分自身の反映ではないのか――という批判的視点である。ハイデッガーが、私たちの「思索」に対して、それが関わるべきものを「存在」として提示するとき、両者の関係がいかなる仕方で説かれるにしても、そのこと自体がまた私たちの「思索」の結果ではないのか。

そうした私自身の評価とは反対に、フライブルク大学でのハイデッガーの師であり、かつてハイデッガーがその助手を務めることになったエトムント・フッサール（Edmund Husserl, 1859–1938）は、『存在と時間』の立場を「人間学主義」として厳しく批判した。

批判の要点は、こうである。「現存在」とは言うものの、ともかく「人間」にほかならないある生物種が、「ある」ということをどのように理解しているかを明らかにし、そこから「ある」ということに迫るのは、人間に関する「事実」を確認することによって問いに答えようとするものにほかならない。しかし、「事実」を問うても出てくるのはたまたま今のところこの場合にはこうなっているということの確認だけであって、それはけっして、普遍的・必然的であるべき哲学本来の探究ではありえない。

実際フッサールは、一九三一年六月一〇日にベルリンのカント協会で行った講演「現象学と人間学」において、若い世代のドイツの哲学者がディルタイの「生の哲学」の影響のもと哲学的人間学に傾倒し、現象学運動でさえ哲学の基礎を人間のみに――「現存在」に――求めようとしているとして、ハイデッガーを厳しく批判した。その講演は、次のように始まる。

> ご存じのように、ドイツの若い世代の哲学者の間では、ここ一〇年、哲学的人間学に向かう傾向が急速に増大しています。ヴィルヘルム・ディルタイの生の哲学、新たな形態の人間学が、今、強い影響力を行使しています。いわゆる現象学運動も、新たな趨勢に捉えられています。哲学の真の基礎は、人間のみに、しかも、人間の具体的・世界的現存在の本質学（eine Wesenslehre seines konkret-weltlichen Daseins）のうちに、あるというのです。人々はそこに、根源的な構成的現象学の不可避の改変を、それによって根源的な構成的現象学がはじめて本来の哲学的次元に到達するような改変を、見ています。
> 　そのため、原理的な立場のまったくの逆転が行われます。超越論的なものとして完成される根源的現象学は、どのようなものであれ人間の学のすべてに対して哲学の根本化に関与することを拒み、それに関わるすべての試みを人間学主義（Anthropologismus）ないし心理学主義（Psychologismus）と見てそれと戦うのに対して、今日それとは正反対のことが通用しなければならない、つまり、現象学的哲学はまったく新たに人間の現存在から構築されなければならないというのです。[5]

フッサールのこの批判は、ハイデッガーにとって無視できないものであったに違いない。ハイデッガーは次第に、人間がなす「思索」の重要性とともに、人間の思索に対する「存在」の関与の重要性を説く方向へと進み、単なる人間学とは見なされない、人間を超えたなにかの導きにおける哲学の営みを称揚する。そして、そこでの人間の「思索」(Denken)が、「詩作」(Dichten)と重ね合わせられる。詩人が物事の新たな捉え方を生み出すように、存在を思索する哲学者もまた、新たな物事の把握へと至る。だが、それは単に哲学者が好き勝手に物事を捉え直せばいいというものではなく、「存在」の導きにおいて、「存在者がおのれの存在の歴史においてそもそも何であるかを言葉にもたらす」[6]ことを果たさなければならない。ローティがハイデッガーの後期思想を「メタファーとしての哲学」と呼ぶのは、ハイデッガーのこうした詩作との重ね合わせにおける思索の称揚を念頭に置いてのことであるが、しかし、ハイデッガーの場合、そこには、人間とその思索を超えたなにかとしての「存在」なるものが、しっかりと想定されていた。

3 「思索」と「詩作」

ハイデッガーは、「存在」と「思索」の関わりを、「詩作」との関係において説く。

早くから詩に関心を持っていたハイデッガーは、一九三〇年代にドイツの詩人フリードリッヒ・ヘルダーリン(Johann Christian Friedrich Hölderlin, 1770–1843)の詩の考察を精力的に進め、一九三四年から一九三五年にかけての冬学期に「ヘルダーリンの讃歌「ゲルマーニエン」と「ライン」」と題する講義を行った。[7] そして、以後も積極的に詩に関する考察を続けた。そうした中で、ハイデッガーは、「詩作」と「思索」の密接な関わりを、繰り返し説くことになる。例えば彼は、一九三六年の「ヘルダーリンと詩作の本質」(Hölderlin und das Wesen der Dichtung)において、次のように語っている。

> 詩人〔詩作者〕は神々を命名し、すべての物をそれらの本質において命名する。この命名は、それ以前にすでに知られているものにただ名前を与えるといったものではなく、詩人は本質的な言葉を語るがゆえに、存在者〔あるもの〕はこの命名によってはじめて、その本質を担うものへと任命される。このようにして、存在者は存在者として知られるようになる。詩作とは、存在〔ある〕を言葉によって作り出すこと(Stiftung)である。[8]

ハイデッガーのこの言葉は、詩人が新たな言葉遣いをすることによって私たちに新たな世界を開いてくれるという、言葉による世界の「創造」の捉え方と重なる内容を持つ。詩人は、その「命名」によって、あるものを、その本質を担うものにし、それによって「存在を〔……〕作り出す」と言うのである。

ハイデッガーはまた、その少しあとの箇所で、次のように言う。

> 詩作の活動領域は言語である。したがって、詩作の本質は、言語の本質から捉えられなければならない。しかし、それゆえ次のことが判明となった。すなわち、詩作とは、あらゆる物の存在と本質

とを命名しつつ作り出すこと（das stiftende Nennen）である——任意の語りではなく、私たちが日常の言語で相談したり交渉したりしていることがすべてそれによってはじめて開かれていく、あの語りである。したがって、詩作は言語をすでにある材料として受け取ることはけっしてなく、詩作そのものがはじめて言語を可能にする。詩作は歴史のうちにある民族の原言語（Ursprache）である。したがって、逆に言語の本質は、詩作の本質から理解されなければならない。[9]

ハイデッガーの「詩人」と「詩作」についてのこうした言葉は、詩人を「世界の立法者」とするシェリーや、もっと大きな円を描くことを促すエマソンの反プラトン主義的スタンスと通底する面をしっかりと持っている。そして、このような重要な使命を持つ詩作が、ハイデッガーにおいて、「思索」と重ね合わせられる。

例えば、一九三六年から一九三八年にかけて書かれた『哲学への寄与』（*Beiträge zur Philosophie*）において、ハイデッガーは次のように言う。

存在を探求する者は、探求者としての力を最も特徴的な仕方で過剰に持っているという点において、存在を「作り出す」詩人である。[10]

ここに言う「存在を探求する者」は、「思索者」にほかならない。つまり、ハイデッガーによれば、思索者もまたある意味で詩人であって、「存在を「作り出す」」のである。

ハイデッガーはこのように「思索者」を「詩人」と重ねることによって、思索者もまた「作り出す」者すなわち創造者であるとする。

4　存在の優位

思索者と詩作者（詩人）のこの近さと、「存在」に対する両者の関係は、一九四六年に執筆された（公刊されたのは翌一九四七年）「「ヒューマニズム」についての書簡」（Brief über den »Humanismus«）において、次のように表明されている。

思索は、存在の、人間の本質に対する関係を、成就する。思索がこの関係を生み出し実現するのではない。思索は、存在によってそれ自身に委ねられているものとしてのみ、この関係を存在に捧げる。存在に捧げるということのことは、思索において存在が言語に至るということである。言語は存在の家である。言語の住まいのうちに人間は住む。思索する人々と詩作する人々は、この住まいの番人である。彼らの見張りは、彼らが自分たちの語りによって存在の開示性（Offenbarkeit）を言語へともたらし言語のうちに保つ限りにおいて、存在の開示性の成就である。[11]

ここに見られるように、「思索する人々」と「詩作する人々」は、ともに「存在の家」の番人であって、彼らはともに、「自分たちの語り」によって「存在の開示性」を成就させる。その場合、思索が主導して「存在の、人間の本質に対する関係を、成就する」のではなく、「思索は、存在によってそれ自身に委ねられているものとしてのみ、この関係を存在に捧げる」。つまり、明らかに「存在」が優位に立つのである。

ハイデッガーにおけるこの「存在」優位の視点は、一九四三年の「『形而上学とは何か』へのあとがき」（Nachwort zu: »Was ist Metaphysik?«）の次の言葉からも読み取ることができる。

存在の声（Stimme des Seins）に従う思索は、存在の真理がそこに発して言語へと至る言葉を、存在に求める。はじめ歴史のうちにある人間の言語がその言葉から生まれるとき、言語は健やかである。しかし、言語が健やかであれば、隠された源からの静寂な声の証しが言語に合図する（winken）。存在の思索はその言葉の番をし、きわめて慎重にその使命を果たす。それは言語使用への気遣いである。長く見守られてきた沈黙と、そのうちで明るみにもたらされた領域の入念な解明から、思索者の語りが生まれる。詩人の命名（Nennen）は、これと起源を同じくしている。けれども、その同じということは、異なったものとしての同じということでしかなく、にもかかわらず詩作と思索は言葉への気遣いにおいてはこの上なく同じであるから、両者は同時にその本質において、最も隔たっている。[12]

「思索」は「存在の声」に従わなければならず、「存在の真理がそこに発して言語へと至る言葉を、存在に求める」。ハイデッガーのこの後期の思想においては、明らかに人間の思索よりも、「存在」という人間ならざるものが、結局のところ主導権を持つ。

5　存在からの「合図」

ハイデッガーのこの姿勢は、すでに右の引用箇所にも見られるように、「合図」（Wink）についての彼の見解にも現れる。ここに言う「合図」は、一九五三年から一九五四年にかけて成立したハイデッガーの「言語についての対話から」（Aus einem Gespräch von der Sprache）[13]の中では、「記号」（Zeichen）との対比においてその重要さが説かれている。

『存在と時間』のハイデッガーは、「基礎的存在論」の重要な論点の一つとして「指示」（Verweisung）の分析を行ったが、そこにおいては、「記号」に、存在の意味を問うための重要な役割を担わせていた。彼はその書の第一七節「指示と記号」（Verweisung und Zeichen）で、次のように言う。

> 私たちは、多重的な意味において「指示」として現れうるような道具の存在論的分析を試みる。そのような「道具」を、私たちは記号に見いだす。〔……〕記号はさしあたりそれ自身道具であり、その特殊な道具的性格は、指し示すこと（Zeigen）にある。[14]

また次のようにも言う。

> 記号は、存在的に手許にあるものでありながら、この特定の道具として、同時に手許性、指示の全体性、および世界性の存在論的構造を指し示すなにかとして働く。[15]

このように、『存在と時間』においては「記号」が重要な役割を担っていた。ところが、『存在と時間』ののち、ハイデッガーが「存在の学」を断念して「存在の歴史」へと向かうに及んで、彼は「存在の真理」を捉えるために聞き取らなければならない存在の言葉を「合図」として捉え、それを、形而上学の言葉である「記号」と区別する。

「言語についての対話から」[16]において、ハイデッガーは「合図」を「言葉の根本的特性」(Grundzug des Wortes)と規定するとともに、

合図や身振りは、あなたの指摘によれば、記号や符号、形而上学に根ざしているすべてのものとは異なっています[17]

と「日本人」に語らせ、

合図や身振りは〔……〕まったく別の本質空間に属しています[18]

と「質問者」に答えさせる。そしてさらに、

言葉は合図であって単なる表示という意味での記号ではありません(das Wort sei Wink und nicht Zeichen im Sinne der bloßen Bezeichnung)[19]

と、「日本人」に語らせている。このように、のちのハイデッガーは、記号は形而上学に属するものであり、合図はそれとは異なり、言語の根源に属するものとする。

ハイデッガーの「合図」は、「合図は古来神々の言語である」（Winke sind Von Alters her die Sprache der Götter）というヘルダーリンの言葉に由来する。[20] ハイデッガーは、ヘルダーリンの詩を論じた先述の一九三四年／一九三五年の冬学期講義「ヘルダーリンの讃歌「ゲルマーニエン」と「ライン」」において、「合図すること」（Winken）について、次のように述べている。

根源的な語り（das ursprüngliche Sagen）は、単に直接開示するのでも、ただ単にまったく隠してしまうのでもない。この語りは、両者が一体になったものであり、この一体のものとして、それは合図することである。合図することにおいては、言われたことは言われていないことを、言われていないことは言われたことを、そして言われなければならないことを、指し示すのである。[21] 私たち人間は、思索者として、この存在からの合図を受け取らなければならないというのである。

6　新たな聖職者の視点から見たニーチェ

ハイデッガーの後期思想におけるこのわたくしならざるものの重要な役割は、ハイデッガーにとっては、自分はその存在との近さにおいて特異な人物であって、西洋の形而上学の歴史をまるごと俯瞰できる特異な高みにいると思わせてくれるものであった。しかし、これはかつての師フッサールの「人間学主義」であるとの厳しい批判に対する反応ではあるにしても、神との近さによって他の人間とは異なる特異な存在であることを意識することのできた、ハイデッガーが決別したはずの聖職者の地位に、結局のところ「思索者」として自らを置くようなものであると、私には思われる。

そのため私は、後期ハイデッガーが、「作り出す」者としての詩人的思索者という、重要な考えを持っていたにもかかわらず、同時に――プラトンとは違う仕方ででではあるが――その思索を拘束するものを提示し、それに従うことを求めるという点において、形而上学を脱した人物とは思えないでいる。

ハイデッガーは一九三〇年代から一九四〇年代にかけてニーチェ研究を精力的に進め、その成果を一九六一年に『ニーチェⅠ・Ⅱ』（*Nietzsche I; Nietzsche II*［1961］）[22]として公刊した。この中でハイデッガーは、超感性的なものを真の実在とし、感性的なものをその下位に置く考え方を、存在者に囚われ存在そのものを忘却した西洋の形而上学の核心をなすものとし、その典型をプラトンに認める。そして、それと同時に、「力への意志」（Wille zur Macht）の思想によって形而上学を転倒させ克服しようとしたニーチェ自身を、「西洋の最後の形而上学者」[23]と見る。

「生きんとする意志」（Wille zum Leben）を解脱の観点から否定的に見るショーペンハウアー（Arthur Schopenhauer, 1788–1860）に対して、ニーチェは『ツァラトゥストラはこう語った』（*Also sprach Zarathustra*［1883–1885］）[24]や『善悪の彼岸』[25]や『楽しい知識』[26]などにおいて「力への意志」に言及し、これを肯定的に捉える。知識欲も善悪の価値づけも、ニーチェによれば、すべて「力への意志」の発現形態である。こうしてニーチェは、「力への意志」をあらゆるものの上位に押し出すことによってプラトニズムにおいて上位を占めてきた超感性的なものを下位に置き、これによって伝統的形而上学の転覆を図ろうとする。

しかし、ハイデッガーは、ニーチェの「力への意志」の思想もまたプラトン的な上位と下位の区別に依存しており、超感性的なものの支配を感性的なものの支配に置き換えようとするものであるとともに、人間的主体としての存在者を優位に置くことによる「存在忘却」(Seinsvergessenheit)の形而上学にほかならないとして、ニーチェを「最後の形而上学者」とする。

もとより、ハイデッガーにとって、「西洋の思考の中で最も古い箴言」(der älteste Spruch des abendländischen Denkens)[27]はアナクシマンドロス(Ἀναξίμανδρος, c. 610–c. 546 B. C.)のそれであるが、そのアナクシマンドロスが始めた思考がプラトニズムとして形を整え、それを転倒させようとした「西洋の最後の形而上学者」がニーチェであることになる。こうして、ハイデッガー自身は、「西洋」(Abendland、夕べの国)というものから距離をとり、その「始まり」と「終わり」を見届ける新たな「始まり」――「別の始まり」(der andere Anfang)[28]――に立つことになる。

こうしたハイデッガーのニーチェ観を含む彼の自己理解について私がどう考えるかの基本は、右に述べたとおりであって、それをこれ以上論じることはしない。章を改める前に、「言語を主人」と語るハイデッガーの言葉と、それに対するローティの言葉を、ここで引用しておきたい。まずは、ハイデッガーからである。

人間は言語の作り手であり主人であるかのように振る舞うが、〔本当は〕言語が人間の主人のままである。〔……〕というのも、本来、言語が語るからである。人間は、言語の語りかけを聞くことによって言語に応じる限りにおいて、はじめて語るのであり、その限りにおいてのみ語るのである。[29]

ここでハイデッガーは、言語が「人間の主人」であると言う（このことは、先に見た、「思索者」は「存在の声」を聴かなければならないというハイデッガーの考えを想起していただければ、理解していただけるものと思う）。ハイデッガーのこの言葉に対して、「詩としての哲学」を主唱するローティは、次のように語る。

しかし、後期ハイデッガーにおける言語の物象化は、ハイデッガー自身の実体化――マルティン・ハイデッガーが、彼の時代が生み出したものの一つ、当時の社会的慣習からなる自己の一つ、他の人々の仕事に反応する人の一人から、世界史的人物、最初のポスト形而上学的思索者へと変身すること――の一段階にすぎない。そうした変身を望むことは、哲学の終焉のあともなお「思索」と呼ばれるものの可能性があってほしいと望むことである。それは、思索者はただ一つの星を追いただ一つの思索を思索することによって、「常にすでに開示されている」ものに没頭するのを避け関係性を避けることができると期待することである。形而上学から脱し、形而上学が作った世界から脱するには、ハイデッガー自身が自分の時代を超えることができなければならない。それは、彼の仕事が単に自己把握（Selbstauffassung）の一つ、人間の自己理解の一つといったものではないことを意味するであろう。というのも、彼は自分の時代から逃れることによって、自分からも逃れただろうからである。[30]

自らがそのうちにある社会的慣習から離れ、しかもなおある種の「主人」を求めるハイデッガーの「思索者」の思想は、そのゆえに、ロマン派詩人＝ニーチェ＝ローティの系譜における「詩としての哲学」の思想とは遠いと私は思う。

第Ⅱ部

理由

第4章　プラトン的真理観は、どうして機能しないのか
――クワイン＝デイヴィドソンの言語哲学の観点から

はじめに

「真理の対応説」の否定と、想像力を理性よりも優位に置くことが、ローティ的な「詩としての哲学」の根幹をなす。本章では、「真理の対応説」がどういう意味で幻想なのかを、現代言語哲学の視点から明らかにする。

主として取り上げるのは、クワイン＝デイヴィドソンの路線である。いくつかの議論を重ねて、言語が変化するものであることを確認し、現代の哲学的議論がどういう意味で言語に「創造性」を見ているかを押さえるとともに、言語を用いて物事を捉えようとする私たちの営みがどのような意味で本来反「真理の対応説」的なものであるかを確認する。

1　真理の対応説

私たちが信じていること（あるいはそれを言語で表現したもの）が正しいか間違っているか――真であるか偽であるか――を判断する際の基本的な考え方として、古くから主張されてきたものがある。それは、私たちが信じていること（ないし、その言語表現としての発言）が真であるのは、私たちが信

じていることとは関わりなく成り立っていることをそれが正確に模写している場合であるという考え方である。そのため、それはかつてはしばしば「模写説」と呼ばれた。この「私たちが信じていることとは関わりなく成り立っていることを〔……〕正確に模写している」という言い方を、「私たちが信じていることとは関わりなく成り立っていることに正確に対応している」という言い方にすると、それは「対応説」と言うことができる。今日では「真理の対応説」（英語では correspondence theory of truth）という言い方が一般的である。

この考え方は、古くから多くの人々が表明してきた。例えば、かつてアリストテレス（Ἀριστοτέλης, 384–322 B. C.）は『形而上学』（Τὰ μετὰ τὰ φυσικά）の中で、「あるものをあると言い、ないものをないと言うのが真である」[1]と言い、また「あなたが白いと私たちが考えるのが正しいからあなたが白いのではなく、あなたが白いから私たちがそのように言うのが正しいのだ」[2]と言った。また、アリストテレスのファンだった中世のトマス・アクィナス（Thomas Aquinas, c. 1225–1274）は、「真理とは物事と知性の一致である」（Veritas est adaequatio rei et intellectus）[3]と述べた[4]。さらには、対象は私たちが構成しているとする特異な認識観を提示したカント（Immanuel Kant, 1724–1804）ですら、「真理とは認識とその対象との一致である」[5]と言う。このように、「模写説」ないし「対応説」は、多くの人々の当然視するところであった。

だが、それと並行して、この考えに対する批判的見解が、表明されるようになった。我が国の例を挙げれば、西田幾多郎は、大正の終わりから昭和のはじめにかけての京都帝国大学での講義の中で、まず「模写説」ないし「対応説」を次のように説明する。

我々の認識作用は意味を含み、その意味を通じて何かの対象をintendieren〈志向〉している。そこに我々の認識作用は精神現象として単なる自然現象と異なる所以のものがある。そのことは上に述べた。ところがそのように我々の認識作用はその含む意味を通じて何かの対象を志向するという場合、その意味がそれによって志向されている対象とcorrespond〈一致〉することもあり、一致しないこともあろう。従ってその際、一致すれば真、一致しなければ偽と考えることができる。そしてこのように、意味と対象の一致不一致に真理の本質を見ようとするのがKorrespondenztheorieなのである。それはもう少し常識的にはこう云ってよい。即ち、我々の意識は外界の存在を、丁度写真がものを映しているように、映している、abbilden〈模写〉しているものである。このように外界の模写ということが真理の本質である、と。これが認識論上の所謂Abbildungstheorie〈模写説〉である。従ってKorrespondenztheorieとAbbildungstheorieとは、大体同じものである。普通に多くの人々は——大部分の科学者をも含めて——真理というものの本質を漠然と、このように考えているのであろう。しかし真理の本質はそれで十分に説明され得るか。[6]

西田はここで「一致」という表現を用いているが、彼自身が「Abbildungstheorie〈模写説〉」とか「Korrespondenztheorie」（対応説）とか言っているように、これはまさしく「模写説」ないし「対応説」の説明にほかならない。そして、彼はこれに続けて次のように言う。

この考えの根柢をなすのは、真理とは主観と客観の一致であるという思想である。これは根強い考えであり、カントのように新しい考えを提出した人にも、やはりこのような考えは多少残っていたと云ってよい。しかし思想の真理性は、思想が外界の実在と一致し、それを模写するところに存すると考える模写説には、大きな矛盾がある。[7]

西田はこのように、カントにも模写説が見られることに触れた上で、模写説に見られる「大きな矛盾」を次のように説明する。

それは次の点を考えてみれば明らかであろう。模写説では、真理とは思想と外界の実在との一致に存するという。しかし思想が外界の実在と一致し、それを正しく模写しているか否かは、我々が予め外界の実在そのものを正しく知っているのでなければ決定し得ないであろう。もし既に我々が外界の実在を知っているなら、その時には我々の思想がそれと合致するかどうかを決定し得るであろう。しかしそもそもいかにして先ず外界の実在を知り得るかが問題なのであるから、模写説は自己が正に説明すべき当のことを、自己の説明のために利用しているものとして、矛盾を含むのである。[8]

西田の言い方では、私たちの「思想」が、「外界の実在」を「正しく模写している」ときに私たちの「思想」は真であるというのが「模写説」なのだが、「正しく模写している」かどうかは、私たちの「思想」と「外界の実在」とを比較してみなければわからない。つまり、この説では、私たちの「思想」の中身と、「外界の実在」がどうあるかの双方が、あらかじめわかっていなければならないことになる。この場合、私たちの「思想」は、私たちが考えていることであるから、それがどのようなものであるかはわかっているとして、それと比較すべき「外界の実在」がどうあるかが正しくわかっているなら、今更両者を比較して前者が後者を「正しく模写している」かどうかを見る必要はない。だから西田は、この説は「自己が正に説明すべき当のことを、自己の説明のために利用している」として、「矛盾を含む」と言うのである。

西田のこの批判は的を射ている。今「模写説」の代わりに「対応説」という言い方をすることにすれば、対応説のこの問題は、別の言い方でも表現することができる。

先ほど私は真理の対応説を説明するのに、「私たちが信じていること（ないし、その言語表現としての発言）が真であるのは、〔……〕それが〔……〕私たちが信じていることとは関わりなく成り立っていることに正確に対応している〔場合である〕」という言い方をした。私たちが信じていることを今「信念」と呼ぶことにすれば、「私たちの信念や発言が真であるのは、私たちの信念や発言が、私たちが信じていることとは関わりなく成り立っていることに、正確に対応している場合である」というのが真理の対応説である。そして、この対応関係を確認するためには、私たちの信念や発言の内容はもとより、「私たちが信じていることとは関わりなく成り立っていること」の内容がわからなければならない。ところが、この「私たちが信じていることとは関わりなく成り立っていること」――例えば、世界の中に成立している事実、とかいったもの――を、具体的に言おうとすると、それは私たちが信じていることを言うことになり、「私たちが信じていることとは関わりなく成り立っている」という条件と合わなくなる。つまり、自分たちの信念ないし発言が対応していると思われる事柄を、実際に言葉にして言おうとすると、それは自分たちが信じていることを述べることになり、自分たちが信じていることとは関わりなく成り立っていることではなく、自分たちの信念を述べるという事態となる。

つまり、真理の対応説を機能させるべく、「自分たちが信じていることとは関わりなく成り立っていること」を述べようとすると、それは、結果的に、自分たちが信じていることを述べることになり、したがって、自分たちが信じていることどうしを比較して、それらが「正確に対応している」かどうかをチェックするという事態に立ち至るのである。

対応関係を確認するために取り上げなければならない二項、つまり自分たちの「信念」ないし「発言」と、「自分たちが信じていることとは関わりなく成り立っていること」とがどちらも自分たちの信念になってしまうことを避けるため、〈「自分たちが信じていることとは関わりなく成り立っていること」は存在するが、それが具体的にどのようなものであるかは言えない〉という主張がなされることがある。だが、これではもう、両者が「正確に対応している」かどうかはまったくわからない。言うまでもなく、「自分たちが信じていることとは関わりなく成り立っていること」がどういうものかは、問わないことになるからである。

結局、自分たちの信念ないし発言が真であることを言おうとして、それが正確に対応していなければならないものを言おうとすると、それは自分たちの信念を述べることになってしまい、自分たちの信念をそれとは独立に成立しているものと比較しているのではないことになる。この点を考慮して、アメリカの哲学者ドナルド・デイヴィドソン（Donald Davidson, 1917–2003）は、真理の対応説を、「真理の整合説」（coherence theory of truth）とみなした。[9]

2　真理の整合説と相対主義の懸念

デイヴィドソンの言う真理の整合説とは、本来、〈私たちの信念や発言が真であるのは、それが私たちの他のほとんどの信念や発言と整合的である場合においてである〉、とするものである。つまり、自分たちの特定の信念や発言が真であるのは、自分たちの他のほとんどの信念や発言とつじつまが合っている場合であるとする。その場合、なぜ「ほとんどの」という言い方をするかと言うと、私たちはたくさんのことを信じて生きているが、時に、あとになって間違っていた（偽であった）と気づくようなことを信じている場合があるからである。

私たちが信じていることは、さまざまな仕方でつながっている。それらの信念のほとんどが整合的である場合、一つ一つの信念はとりあえず真と考えていいとするのが真理の整合説である。この考えに対して、整合的な信念群が複数あって、それらが互いに重ならない場合を考えると、これは非常に具合の悪い相対主義になるのではないかという懸念が表明されることがある。例えば、Aという共同体とBという共同体でそれぞれ信じられていることは、それぞれの共同体においては互いに整合的であるとしよう。そして、それぞれの共同体で信じられていることには、共通部分がないとしよう。そうすると、それぞれの共同体では、異なる内容の信念が真なるものとして受け入れられていることになる。こう考えると、真理の整合説が相対主義になりうるとの懸念は明確であろう。つまり、この場合、共同体Aにおいて真であるとされていることの反対のことが、共同体Bでは真であるとされていることになるからである。つまり、何が真であるかは共同体によって違っていてよいことになる。

今、共同体を単位として考えたが、個人のレベルでの相対主義もありうるし、時代によって異なることが真とされてよいという形での相対主義も、考えることができるであろう。

また、具体的な例として、ユークリッド幾何学と、いずれかの非ユークリッド幾何学を取り上げて、真理の整合説が相対主義であるとの主張がなされることもある。

3　根本的解釈——場面文から

しかし、その懸念は、言語（もしくは言語習得）の、ある決定的な面を無視していることによる。言語習得がどのようにしてなされるか、あるいは、異なる言語どうしの翻訳関係がどのようにしてうち立てられるかを考察することによって、右に言う相対主義の懸念が、きわめて不十分な言語観によるものであることがわかる。

これに関する重要な考察は、クワイン（W. V. O. Quine, 1908–2000）とデイヴィドソンが行った。今デイヴィドソンの「根本的解釈」（radical interpretation）の考え方に従うなら、次のようになる。

未知の言語。したがって、まだ辞書も文法書もない。そうした未知の言語は、とりあえず「言語」とは言うものの、もしかしたら言語ではないことが判明するかもしれないという可能性を持つ。そうした未知の言語の習得においては、クワインの言う「場面文」（occasion sentence）[10]に、運よく出会う必要がある。

今、未知の言語とおぼしきものを発している人々（これを「現地の人」［native］と呼ぼう）のところへ行き、その現地の人の言語らしきものを研究する（この研究者は、フィールドで言語を研究することから、「フィールド言語学者」〔field linguist〕と呼ばれる）とした場合、フィールド言語学者は、場面によって真偽が定まるような文――つまり、この場面では真だが、別の場面では偽であるような文――を現地の人が発してくれるという幸運に恵まれたとき、その未知の言語の研究を始めることができる。

　つまり、こういうことである。フィールド言語学者は、現地の人がどんな場面においても真であるような（あるいは偽であるような）文――これを「恒常文」（standing sentence）と言う――をいくら発してくれても、それをどう解釈するかの手掛かりを、周囲の状況から（つまり置かれている場面から）得ることはできない。例えば、研究が進んだあとで「2＋3＝5」と言っていたことがわかるような文を、かりに現地の人が発したとしよう。その場合、それが発せられる場面は実にさまざまであろうが、場面の違いによって、その文が真になったり偽になったりすることはない。しかし、もし現地の人が「ウサギだ」にあたる文を発してくれるとしたら、その文は、ウサギがいるところでは真だが、ウサギがいないところでは偽である。したがって、現地の人が「ウサギだ」にあたるとのちのちわかるような文を発し、その場面にウサギがいるとしたら、フィールド言語学者はその場面のありさまから、その文の解釈の仕方を考える手掛かりを得ることができそうである。

　クワインが用いた例を用いるとすれば、[11] ある場面で現地の人が「ガヴァガイ」（Gavagai）と言った。その場面では、私にはウサギがいるのが見える。しかも、現地の人は、そのウサギを見てそう言ったように見える。そこでフィールド言語学者としての私は、一つの仮説として、現地の人が「ウサギだ」と言うつもりで「ガヴァガイ」と言ったのではないかと考えてみることができる。もちろん、これは、考えられる仮説の一つにすぎない。もしかしたら、現地の人は「かわいい」とか「うまそう」とか言ったのかもしれないし、ウサギを見て言ったのではなくて、ウサギの傍に生えている草のことを言おうとして「ガヴァガイ」と言ったのかもしれない。仮説は際限なくありうるが、フィールド言語学者は、とりあえずそうした仮説を立ててみて、それが当たっているかどうかを確かめる作業を行う。これが、未知の言語を研究する際に最初に行うことである。

こうした作業から始まる「根本的解釈」がなぜ「根本的」かと言うと、対象となっている言語らしきものは、言語であるか否かもまだ決まってはおらず、すでにそれが研究されていてそれについての辞書や文法書があるということも一切なく、ただ、その言語らしきものが使用されている現場でさまざまな工夫を凝らしてそれを理解し解釈するよう試みるしかない、いわばゼロからの出発による解釈の試みだからである。もとより、フィールド言語学者は自身の母語をすでに習得している。そこで、フィールド言語学者はそれを用いて状況を勘案しながら、対象がどのような言語であるかを調べていくことになる。

この研究は、最初、右に述べたような、場面文としての「観察文」(observation sentence)から始めなければならない。というより、それ以外には手がない。ある状況で現地の人がこのような音を発した。例えば「ガヴァガイ」と言った。その状況というのは、ウサギがいて、現地の人はそのウサギを見てその音声を発したと思われる。そこで、「ウサギだ」と言ったのではないかと、まず一つ目の仮説を立ててみる。

この仮説が当たっているかどうかを知るには、この音声を使用する可能性のある状況を積極的に作って、現地の人の反応を見る必要がある。「ガヴァガイ」という発音は「ウサギだ」という発言ではないかと考えるのであれば、現地の人にウサギを見せて彼らがどう言うか、あるいはもっと積極的に、現地の人にウサギを見せて自分から「ガヴァガイ」と言ってみて、現地の人がどう反応するかを見ることになる。

もし仮説が当たっているのなら、現地の人にウサギを見せるとまた「ガヴァガイ」と言うかもしれないし、現地の人にウサギを見せて自分のほうから「ガヴァガイ」と言えば、現地の人は「そうだ」という反応をするかもしれない。

この「そうだ」という反応は「イエス」の反応と言ってもいい。「ＯＫ」の反応と言ってもいい。もし自分の仮説が間違っていたら、現地の人は反対に「違う」、「ノー」、「ダメ」という反応をするだろう。もし現地の人にウサギを見せて「ガヴァガイ」と言ってみて「イエス」の反応が出れば、少しだけでも自分の仮説が正しかったと、フィールド言語学者は思うことができる。

ここには二つの問題がある。一つ目の問題は次のようなものである。すなわち、差し当たって課題は「ガヴァガイ」を「ウサギだ」と解釈することが当たっているかどうかを確かめることであったが、それを行うために今度は現地の人の発声や身振りのどれが「イエス」の反応でありどれが「ノー」の反応であるかを調べなければならない。つまり、二重の課題を、フィールド言語学者は抱えることになる。

デイヴィドソンの師であるクワインは、この「イエス」の反応と「ノー」の反応の問題について、次のような考えを示した。

〔今、現地の人の発する「エヴェット」（Evet）と「ヨック」（Yok）という音声が、「イエス」と「ノー」のいずれかにあたるのではないかと考えられたとしよう。だが、どちらがどちらかまだわからない。」そこで、〔フィールド言語学者〕は、現地の人自身が自発的に行う発言を真似てみる。もしそれによってほとんど決まって「ヨック」よりも「エヴェット」を〔現地の人から〕引き出すことができるとしたら、彼は自信をもって「エヴェット」を「イエス」と見てよさそうである。また、彼は、現地の人の発言に、「エヴェット」と「ヨック」で答えてみる。その場合、現地の人がより穏やかな対応をするほうが、「イエス」に当たる可能性が高い。[12]

そもそも、人になにかを見せて「イエス」の発言や身振りをさせたり「ノー」の発言や身振りをさせたりする場合、どちらになるかは、確率的に半々ではない。見せるものを限定しなければ、「ノー」のほうが確率的にははるかに高い。例えばもし「ガヴァガイ」が「ウサギだ」を意味するのであれば、現地の人にウサギ以外のものを見せて「ガヴァガイ」と言えば、何を見せても「ノー」の反応をするに違いないと考えることができる。そこで、さまざまなものを見せて「ガヴァガイ」と言ってみる。それで、現地の人がどのように反応するかを見る。この場合、おそらく反応の多いほうが、「ノー」である可能性が高いであろう。

事態がこのようなものであってみれば、フィールド言語学者が、「ガヴァガイ」をどう解釈するかというもともとの課題のほかに、何が「イエス」の反応であり何が「ノー」の反応であるかを明らかにするというもう一つの課題を同時に抱えるとしても、この二重の課題を追うことをさほど否定的に捉える必要はない。ともかく、ここは、フィールド言語学者のひらめきと工夫次第——言い換えれば、想像力の発揮の仕方次第——である。

先ほど「ここには二つの問題がある」と言ったが、もう一つの問題はこうである。ウサギを見せながら「ガヴァガイ」と言ったときに、現地の人が「イエス」の反応をしたとしても、これは、フィールド言語学者がとりあえず立てた、「ガヴァガイ」は「ウサギだ」を意味するという仮説が正しかったことを、必ずしも意味するものではない。当然ながら、これだけでは、もしかしたら現地の人は「ガヴァガイ」を「かわいい」という意味で使っていて、ウサギがかわいいということに同意したにすぎないかもしれないからである。そのため、ここでもまた、フィールド言語学者のひらめきと工夫――想像力の発揮――がきわめて重要である。フィールド言語学者はさまざまなものを現地の人に見せて「ガヴァガイ」と言い、相手の反応を見る。もしかして現地の人が「かわいい」という意味でそれを使っているとしたら、ことは厄介である。もしかしたら、フィールド言語学者自身の「かわいい」ものの範囲と、現地の人のそれとがずれている可能性があるかもしれない。そうなると、もっとわかりやすい観察文の事例を先に調べることも、並行して数多く行わなければならない。

フィールド言語学者の実際の作業においては、さまざまな観察文の候補を見つけて、並行して仮説を検証する試みを行うことになる。こうしてフィールド言語学者は、現地の人の言語らしきものに少しずつ入り込んでいく。

クワイン＝デイヴィドソンの路線におけるこうしたフィールド言語学者の作業においては、まずは現地の人が発している音声をとりあえず「一語文」として捉え、全体として何が言われようとしているかを右のような仕方で手探りで調べていく。そのうち、さまざまな文の中に共通して出てくる音声があることに気づくようになれば、次第に単語レベルへの分析作業がこれに加わる。当然、接続詞に当たるものも研究の対象となる。このようにして、先は長いのだが、フィールド言語学者の作業が続くと、その結果、辞書と文法書が形を整えることになる。

4　好意の原理

フィールド言語学者のこうした作業においては、ある重要な基本原則が機能しなければならない。実は、この基本原則が、先の「整合説」は「相対主義」かという問いに対してどう答えるかの重要な手掛かりとなる。

その基本原則とは、フィールド言語学者は現地の人の発言を理解しようとするとき、現地の人の発言はたいてい正しい（真である）と考えざるをえないというものである。あの「ガヴァガイ」の事例の場合、フィールド言語学者は、自分ならその状況でどう言うかを考えて仮説を作る。おもしろいことに、ここでは自分ならどう言うかが基準である。つまり、自分ならここでどのように発言するのが正しい（真である）と思うかを考えることになる。フィールド言語学者は、自分の仮説でうまくいかなければ別の仮説を考えることになるが、いずれの場合でも、フィールド言語学者が「真」と見なす仮説を立てることが、まずは行われる。さしあたりそれ以外の選択肢はない。

フィールド言語学者が現地の人の発言を理解するために仮説を立てるとき、現地の人はその状況において正しい（真なる）ことを言っているに違いないとまず想定した上で、それを行う。もしそういう想定をしないで、現地の人は間違ったことを言っていると最初から考えるとしたら、「間違ったこと」は無限に考えられるため、それでは仮説の立てようがない。

もとより、現地の人が間違ったことを言っている可能性はある。ウサギを別の動物と見間違えて「ガヴァガイ」と言っているとしたら、「ガヴァガイ」が「ウサギだ」を意味することはあるまい。だが、このような、現地の人が間違ったことを言っている可能性は、現地の人の言語らしきものの研究が進んでいかないと確認することができない。ある程度現地の人の言葉遣いがわかった上でないと、ある状況での現地の人の発言が間違っていることは、確認できないからである。

そのようなわけで、フィールド言語学者は、現地の人の言語らしきものを理解しようとするとき、現地の人の発言はたいてい正しい（真である）と想定しなければ、仮説を立てることすらできない。つまり、言語の研究が始まらない。この基本原則は、「好意の原理」（principle of charity）と言われる。相手の言っていることを理解しようと思うなら、相手に対して好意的な態度をとり、相手の言っていることはたいてい正しい（真である）とするしかないという原則である。[13]

なぜ「たいてい」なのか。それは、相手も自分も時に間違う可能性があるからである。基本的には正しいとしながら、時に間違ったことを言っているという可能性を、常に念頭に置く必要がある。そのため、相手の言っていることを理解しようと思うなら、相手の言っていることは「たいてい」正しい（真である）とするしかない、ということになる。

この「好意の原理」について注意しておかなければならないのは、その正しさの基準はフィールド言語学者自身のそれであるという点である。フィールド言語学者自身が、当の状況においてふさわしい発言は何かと考え、相手もそのふさわしい発言を行っていると想定するのである。

この「好意の原理」は、数ある原理の一つであって、必ずしもそれを選択しなくてもよいというものではけっしてない。相手の発言を理解しようと思うなら、この原理に従うしかない。これは、この原理に従わずに仮説を立てることを実際に試みれば、容易にわかることである。実際デイヴィドソンは、「好意」（charity）について次のように言う。

好意は、数ある選択肢の一つではなく、実際に使える理論を手にするための条件である。したがって、好意的態度をとることによって大規模な間違いを犯すことになるかもしれないと言ってみても、意味をなさない。真と見なされるさまざまな文の間の体系的相関関係をうまく確立するまでは、間違いを犯すことなどありえない。好意はわれわれに課せられているのであって、他人を理解したいと思うなら、好むと好まざるとにかかわらず、たいていの事柄について、彼らは正しいと考えなければならない。好意と理論の形式的条件とを調和させるような理論を生み出すことができれば、コミュニケーションを保証するためになしうることを、われわれはすべて行ったことになる。それ以上のことは不可能であり、また不必要である。[14]

5　信念が大幅に乖離する可能性について

私たちが未知の言語とおぼしきものを理解しようとするとき、右に述べたようなフィールド言語学者の立場でそれを進めるしかないということは、さまざまな重要な帰結を私たちにもたらす。

まず、次のような状況を考えてみよう。私に土星人の友人がいる。彼女は地球とは非常に異なる星に住んでいるため、その考え方は私とは非常に異なり、彼女の使う土星語は私が使う日本語に翻訳できない、という状況である。

これは、結局、その友人が何を考え何を言っているのかわからないという状況である。とすると、その友人が私とはまったく異なることを信じているということも、もともと私にはわからないことであるはずである。その上、それでどうしてその土星人を「友人」と言えるのかという疑問も、当然出てくるであろう。つまり、このような状況は、それ自身に矛盾がある。それは、ありえない状況なのである。

そこで私はその状況を少し変えてみる。私が知っている土星人は、私が信じていることとはまったく異なることを信じている。どうしてそれがわかるかというと、彼女の使用している言語を研究して彼女の発言が意味することを確認すると、私が信じていることとはまるで違ったことを信じていることがわかるからである。

だが、このように、状況を少し異なるものにしてみても、それがおかしな状況であることに変わりはない。土星語がわかるためには、私たちはあのフィールド言語学者がやることをやってみるしかない。まずは、観察文とおぼしきものに注目し、状況との比較においてこのようなことを言っているのではないかと仮説を立て、さまざまな工夫のもとにその仮説が正しいかどうかを調べてみる。その土星人の「イエス」の反応を支えとして、研究は進む。ということは、ここではフィールド言語学者である私たち自身の考えをもとに土星人の発言の意味を理解しようとしているのであって、「イエス」の反応は、さしあたり、自分たちと土星人の信念が共通することをある程度において示すのである。

このように、フィールド言語学者の場合、〈現地の人はこのようなことを言っているのではないか〉という仮説を検証する作業は、結局のところ、フィールド言語学者自身と現地の人の信じていることが共通していることを確認する作業でもある。こうした作業を基に、言語の研究を進めた上で、とりあえず現地の人（この場合には土星人）の発言内容が理解できる状況になる。とすると、土星人の言葉を調べてみると、自分たちとはまったく異なることを信じていることがわかるということは、ありえないことなのである。それは単に、言語の研究がまったく進んでいないことを示すにすぎない。

6　宙に浮いた言語観を棄てて

クワイン＝デイヴィドソン流のこのような言語の捉え方は、それまでの言語観を大幅に変えることになった。従来の言語観においては、しばしば、私たちがそれぞれに何を信じ何を望んでいるかはあらかじめわかっていることにして、それを他人に伝えるにはどういうメカニズムが機能しなければならないかが考えられた。Aがｐという信念を持っている。そして、Bがｐを、音声等を介して理解することが、コミュニケーションの基本であると考えられてきた。だが、実際に私たちが現地の人を理解しようとするとき、〈相手の頭の中にある特定の信念を、自分の頭の中に入れる〉といった図式がイメージさせるようなシンプルな作業を、私たちは行っているわけではない。ある状況の中で、現地の人が言うことが何を意味するかを考え、それが当たっているかどうかをさまざまな仕方で確認する。そして、このフィールド言語学者の作業が示す基本的な言語理解のあり方は、翻って私たち自身が母語を習得する際の基本的なスタンスでもある。

フィールド言語学者が未知の言語とおぼしきものを研究する場合、フィールド言語学者はすでに母語を習得している。したがって、その点においては、フィールド言語学者が行う作業は、私たちが母語を習得する場合とは異なっている。けれども、私たちが母語を習得するとき、状況を言語を用いて勘案するわけではないものの、フィールド言語学者がするのと同じことを基本的にしていると考えられる。

乳児はやがて喃語が使えるようになる。あるとき、ある状況で、ある喃語を発すると、親が大きな愛情を注いでくれることがわかる。「ママ」という発音に対して母親が、例えば「わあ、ママと言った」と言って喜んでくれるという類いのことである。乳児は、自分が愛されているか否かを敏感に感じ取ることができる。フィールド言語学者の作業で言えば、「イエス」の反応であるか「ノー」の反応であるかが乳児にはわかるということである。ある状況では大変喜ばれた喃語の発音が、別の状況ではさほどではない。こうしたことが積み重ねられて、乳児は次第に、状況にふさわしい言葉の使い方を習得していく。

このように、母語の習得においても、仮説の形成とその検証の作業が繰り返し行われている。そのため、ある言語を共有している人々の間には、信念の大きな共有がある。言語は、信念の重なりを確認する作業を通して習得されていくからである。もちろん、すべての信念が重なるわけではない。ある人が信じていることを、別の人は信じていないということはいくらでもある。しかし、はるかに多くのことを、同じ母語を持つ人々は共通に信じている。そうでなければ、言語が十分に習得されていないことになる。

母語が習得された上で、さらに異言語の習得がなされる。例えば英語は、すでに信頼できる辞書と文法書ができ上がっている言語であって、それらをもとに、それは学習される。だが、その場合にも、もとは、フィールド言語学者の作業がある。したがって、英語のネイティヴと私たち日本語のネイティヴとの間には、大きな信念の重なりが確認される。もとより、細かい興味深い差異はたくさんある。例えば、日本語の「湯」と「水」の違いは、英語では water に形容語を付けるなどして表現される。しかし、そうした細かな違いにもかかわらず、私たちは英語を母語とする人たちと、かなりの部分で言語を用いて共感することができる。確かめられているのは、言語が通じるということであって、その結果、かなり同じようなことを考えているとわかる。あらかじめかなり同じようなことを考えているはずだと決まっていてその結果言葉が通じるという順番ではないことに、私たちは注意しなければならない。

もしあらかじめかなり同じようなことを考えているはずだと決まっていると想定するのであれば、その反対のことを想定することも許されることになる。つまり、この人たちは私たちとは考え方がすごく異なるに違いないと決めつけてかかるということである。先にも述べたように、このようなことを証明することは私たちにはありえない。かなりの部分共通した考え方を持っている、だがここは違うということはよくあることだが、かなりの部分で同じ考え方をしていることが確認されるのでなければ、違うところも見えてこないし、ほとんど重なるところがないというのであれば、それは、その人たちの言語を私たちはまだ理解していないのではないかと、疑ってかかる理由となる。

このように、クワイン＝デイヴィドソン流のいわゆる「フィールド言語学者の言語哲学」は、今日、旧来の言語観を棄てることを、私たちに求めている。[15] 確かめられないことを当然と決めつけるのはやめようという意味での「検証主義」が、その言語観の基にある。それはきわめて健全な言語観である。

このように考えるとき、整合説は相対主義だという発言がいかに言語の実際を見ていないかがわかるであろう。そのように発言する人は、内部は整合的だがかなりの部分で相容れない複数の信念群がありうるという可能性を考えることによって、整合説は相対主義を認めるものだと言う。そして、そうした複数の信念群の例を具体的に挙げようとするとき、先に触れたように、ユークリッド幾何学といずれかの非ユークリッド幾何学が、しばしば取り上げられる。だが、そうした複数の幾何学の存在は、数学のある部分において意図的に相容れない公理系を作った結果にすぎず、それを提示するそれぞれの人の全信念群を考えた場合に、そのごく一部をなすものでしかないことに、私たちは思いを致さなければならない。ある数学者が自分の全信念群の中のある部分において、これまで信じられてきたユークリッド幾何学とは異なる公理系を作ったという事実を扱う際、その人の全信念群を問題にせずに、その変更された部分だけを取り上げるという問題の矮小化は、哲学ではよくやられてきたことであるが、そういう矮小化はけっして褒められたものではない。私たちが信じていることの一部だけを変更するということなら、私たちはいつでもそれをすることができる。例えば、「今日は月曜日だが、仮に今日が日曜日だとすると」と考えてみるのと同じである。整合説を相対主義だと言うのは、そのあえて異ならしめた部分にのみ注目して、相対主義だと決めつけているのに等しい。哲学者たるもの、このようなことに鈍感であってはならない。

7 変化する言語——私たちは常に「根本的解釈」の状況にある

右の言語観の変更の要請とともに、デイヴィドソンの言語観にとりわけ顕著に認められるものが、もう一つある。それは、言語は変化するものであるという言語の見方である。その変化は、新たな「意味」の生成とでも表現できるものである。言い換えれば、これまでとは異なる物事の捉え方を、言語がさせるようになるということである。

その典型は、メタファーである。メタファーは「隠喩」とか「暗喩」とか言われる。「……のようだ」という喩え方でなく、「……だ」と言い切るような喩え方、例えば、「男はみんなオオカミだ」や「女は海」のようなものがそれである。この「男はみんなオオカミだ」というメタファー的表現は、今ではもう使い古されて、いわば「死んだメタファー」になっている。だが、それがはじめて言われたときには、インパクトがあったに違いない。なにしろ、男は文字通りにはオオカミではない。けれども、そのように言われることによって、聞き手はそれまで思いもしなかった男の特性に目を向けることになったかもしれない。また、話し手のほうも、たまたまそう表現してしまったことによって、自分が漠然と感じていたことを明確に意識したかもしれない。「女は海」の場合も同じである。

メタファーにはそのような働きがある。メタファーとして使われるのは、これまで使われてきた馴染みの言葉であるが、それが今までとは異なる仕方で使用される。メタファーの場合、文字通りに取れば明らかに偽である。その明らかに偽であるということが、私たちになんらかの考え直しを促す引き金となる。[16]

ローティはこのメタファーの振る舞いを、「言語の成長点」と見る。[17] 私たちは同じ単語をただ組み合わせ直して使っているだけではない。単語を新たな仕方で使うことによって、新たな物事の捉え方を産出する。この意味で、言語は常に創造の可能性を秘めている。これまでとは異なる物事の捉え方が新たに開発される可能性である。

メタファーは、言語が変化していくことを典型的に示す現象である。それは、聞き手が話し手の言語使用をおかしいと感じ、これまでとは異なる理解の仕方を考える、言い換えれば、話し手が言っていることを理解するための新たな「仮説」を設けるというものである。もとより、聞き手はそのような新たな理解が妥当であるかどうかを考えなければならない。同じような新たな仮説の設定は、話し手が「言い間違い」をする場合にも認めることができる。「このマニュアルを……」と言うべき場面で「このアニマルを……」と話し手が言うのを聞くとき、すぐに根本的解釈の機能が働き始める。そしてその場合の「アニマル」は、「マニュアル」の意味で理解すべきだと考える。メタファーの場合に、例えば「君はクリスタルグラスだね」と言われたら、私のことをある種のガラス製品だと言っていると理解するのではなく、想像力を駆使して、その場合の「クリスタルグラス」という言葉はこういうことを意味しているんじゃないか、つまり話し手はこのようなことを言おうとしているんじゃないかと考えるのと同じである。言語使用はこのような新たな理解を促す事象に満ちあふれており、言語はさまざまな度合いにおいて、次々と変化していくものなのである。〈言語を構成する定まった概念装置があり、それをまるごと習得するのが言語習得である〉という伝統的な言語観に抗して、クワイン＝デイヴィドソンの言語観は、言語の動的性格の現実を如実に捉えている。私たちは言語とは不可分の存在である。言語のそうした動性は、まさしく私たちの存在そのものの動性なのである。

この動性は、もとより、フィールド言語学者として現地の人たちの言語を理解しようとするときにも、重要な役割を果たす。自分の仮説がうまく検証できないとき、フィールド言語学者は、「もしかしたらこの人たちはこのようなことを信じているのではないか」と、通常なら自分が考えもしないようなことを試しに考えることすら試みる。こうした試み自体が、自分のこれまでの信念を変更する事態であることに思いを致すなら、そして、同様のことが、「同じ」母語を共有しているはずの人との間においてもしばしば起きるということに思いを致すなら、クワイン＝デイヴィドソンの言語哲学の射程の大きさを、私たちは身にしみて理解するに違いない。

つまり、ここに認められるのは、人間はさまざまに工夫を凝らしながら――想像力を駆使しながら――変わっていく存在であるという人間観であって、彼方に行き着くべきゴールが望見できるような状況に私たちがいるということではない。

第5章 原型的経験論に対する二つの誤解
——感覚与件の神話と、ロックに見られる創造的人間観

はじめに

自然科学における仮説形成は、現象を説明し、予測を可能にするためのものであって、それがうまく機能しないことがわかれば、新たな仮説を形成することになる。こうして、科学はそれ自身を変化させながら進んで行く。デカルトもロック（John Locke, 1632–1704）も、こうした科学を自ら推進する立場にあった。カントも、もともと、自然科学的考察を行っていた。だが、のちに（第7章で）見るように、彼は、自分が強く信じる理論を恒久化しようとする傾向を強く持っていた。言い換えれば、現状維持型の形而上学構築の意図を、カントは持っていた。しかし、カントには悪いが、彼が範を求めたイングランド（当時の政治的状況からして、今日言うところの「イギリス」ではない）の科学者の間では、一七世紀にはすでに、科学が絶対確実な知識を得る営みではなく、必要に応じて理論を改変していくフレキシブルな営みであるという科学観が、次第にコンセンサスを得つつあった。[1] その意味で、カントの科学観は時代の流れに逆行する。そして、カント以降、カントの逆行を止めて前進しようとする営みがヘーゲルやニーチェらによって進められたにもかかわらず、カント的な学問観をいわゆる「言語論的転回」（linguistic turn）の形で遂行する別の大きな運動が始まった。「論理的経験論」もしくは「論理実証主義」を典型とする初期の分析哲学運動である。

興味深いことに、カントは自身の提示した空間・時間および一二個の純粋知性概念を、発生学的ヴ

ォキャブラリーを用いて――今日風に言えば、種のＤＮＡに刻み込まれたものであるかのように――語り、これによって彼は、それら自身が種によって異なる可能性を示唆してしまった。その後、心のメカニズムを「事実」に委ねてしまうカントの「自然主義」的傾向は、ダーウィン（Charles Darwin, 1809–1882）やフロイト（Sigmund Freud, 1856–1939）の登場によって大幅に加速された。そして、その反動として、私たちの知を相対主義的でない仕方――普遍的、必然的な仕方――で拘束し、安心してそれに依拠できる道を探る試みがなされた。その一つが、ローティが言うように、心ではなく言語の特性に依拠する道であった。かくて、「言語論的転回」が進行する。この転回の主たる担い手であった分析哲学の初期の意図は、新たな論理学が提示する論理的真理と、感覚与件の事実が与える訂正不可能な知識に基づいて、私たちの知をあたかもデカルトがしようとしたように、微動だにしない構造体として再構築することにあった。

かつて「感覚与件」（sense datum）と呼ばれたもの[2]は、私たちの感覚に与えられたままのものであって、私たちの信念や考え方がそれに影響を及ぼしてはいないという意味で、純粋な――（見間違いや聞き間違いなどのありえない）訂正不可能な――ものと考えられた。私たちの考えは、そうした純粋な、私たちの信念や願望とは関わりなく与えられるものを基に捉え直され、それによって私たちは間違いようのない考えを持つことができると、しばらくの間ではあったが、信じられていた。本章で取り上げる話題の一つは、そうした、感覚に純粋に与えられたものを積極的に肯定する考え方である。

この考え方は、ときに誤って、伝統的なイギリス経験論の特徴であったと思い込まれている。しかし、ロックや（その影響を受けた）バークリにはそのような考えはなかった。ローティやハンソンやセラーズが感覚与件論を批判するときに持ち出す重要な論点の一つは、すでにロックが『人間知性論』において提示していた。本章では、まず、その点を指摘することによって、もともとのイギリス経験論に対する誤解を解くとともに、人間は外からの刺激をあるがままに受け取っているとする人間観の見直しを迫る。

本章で取り上げるもう一つの話題は、右の、古典的イギリス経験論は、私たちには如何ともしがたい外からの刺激をそのあるがままに受け入れる立場であるという誤った見方と連動する、もう一つの誤解である。すなわち、ローティ自身のロック理解に見られるように、ロックは厳然として存在する外界をそのあるがままに捉えようとしたという点で、「自然の鏡」的人間観を持つ代表的哲学者であったとする誤解である。

ロックは復活した原子論の立場からこの世界を新たに粒子仮説的に捉えることを推奨した科学者であって、彼はその粒子仮説を現時点で最良の仮説と理解していたにすぎない。この点は、彼自身が十分に自覚していたことである。したがって、ロックは粒子仮説が捉える物体の世界を私たちの考えとは関わりなく成立している唯一の実在する世界と見たというロック理解は、事実に反している。加えて、こうした不注意な読みによって、人間の生き方や社会のあり方に関わる観念が歴史的に変化していくことをロックが敏感に捉え、そのため「実体」の複合観念とは異なる「様態」特に「混合様態」の観念の特異性を強調したことも、無視されてしまう。ローティには悪いが、ロックは、外界を新たに捉え直そうとする仮説的な試みをなすとともに、行き詰まりを打開するため新たな生き方・新たな社会のあり方を模索し続けることを推奨する「歴史主義」者であったという点において、明らかにローティの「詩としての哲学」の思想の先駆者であった。

ロックの経験論が示すこうした点を確認することによって、私たちは、ローティがエマソンやニーチェに言及しつつ提示しようとした「詩としての哲学」の見方をよりよく理解することができるであろう。

1　感覚与件とその言語表現

確かに、私たちの考え方がどうであろうと、それとは関わりなく、目を開けば色や形が見えるし、音も聞こえる。それは、私たちが身体の向きを変えたりなどして、別のものを見たり聞いたりするように変更を加えることを別にすれば、私たちがこういうものを見たい、こういう音を聞きたいと思って、自在に見えるもの聞こえるものを変更できるようなものではない。

だが、実のところ、私たちが見たり聞いたりしているものは、私たちが持っている考えとかなんらかの仕方で学習したものとかとはまったく関わりがないわけではなく、その意味で、純粋に私たちに与えられているものではない。

例えば、私たちは母語で書かれている字を見るとき、それを字として読まないで単なるなんらかの色の広がりとして見ることはきわめて難しい。色の広がりが作る模様としてそれを見ているときにも、すでにあるゲシュタルト的な捉え方を私たちはしている。今日の知覚生理学では、私たちがものを見ているときにどれだけの過程がそこに関わっているかは、当然のように説かれる。ただひたすら見えるがまま、聞こえるがままと言っても、少なくともそこには、ロックがかつて指摘したように、なんらかの私たちの経験や判断が（そしてまた身体的なあるプロセスが）介入していると考えざるをえないのである。

さらに、かりに純粋な感覚与件が私たちに文字通り与えられているとしても、それをいかに言語表現するかの問題がある。

感覚与件の話は、単に私たちに何が感覚されているかの問題だけで終わるものではない。それは、私たちがすでに信じていること、あるいはこれから信じるであろうことを、絶対的な真理性を持つものの視点から検討し直し、信じるに値しないものを棄てさせようとする「啓蒙主義」運動の一環である。別の言い方をすれば、それは、ある例外を除いて、感覚与件を基盤としないとわかったものは基本的にこれを拒絶するという、ある種の社会運動の一環だった。ところが、私たちが信じているものの多くが言語的に表現され言語的に捉えられている以上、それを規制するための感覚与件の事実もまた、言語表現される必要がある。そうでなければ、感覚与件の事実を、私たちの他の信念と比較することも、他人に感覚与件の事実を伝えることも、できないからである。しかし、感覚与件を言語表現しようとすると、途端に、問題が現れる。

仮に私たちの信念や学習の結果とはまったく独立の、純粋な感覚与件なるものが私たちに与えられているとしても、それを言語表現しようとするときには、私たちがすでに身につけているものがさまざまな仕方でそれに関わることになる。例えば、色を言葉で区別する場合、そこで私たちが用いる色彩表現は、よく言われるように、文化的な違いを反映している。そもそも、私たちが視野の中に知覚しているさまざまな色の、色相、明度、彩度をそのあるがままに精密に表現することは、言語にはできない。加えて、その見えている色がどこに位置するかについても、それを明確に表現するすべを私たちは持たない。なぜかと言えば、最初から感覚与件は、複数の人々がともに知覚することのできるいわゆる「間主観的」なものではなく、個々人それぞれに違っていても不思議はないその人自身が現に感じているもののことであるから、その意味で、「主観的」なものでしかない。したがって、それは、外にある間主観的に確認できる「物」ないし「物体」の間主観的性質では最初からありえず、位置を定めるための間主観的な座標をそれに与えることができないのである。そのため、視野の中に広がるさまざまな色のそれぞれがどこに位置するかを言おうとしても、自分たちの視野との相対的な位置を言うしかなく、しかも、きわめて大雑把な仕方で言うしかない。このような報告が、私たちが間主観的に信じている事柄とはほとんど関わりのない、非常に粗雑なものでしかないことは、縷説するまでもない。

かつてラッセル（Bertrand Russell, 1872–1970）は、感覚与件を報告するための言葉遣いとして「これは赤い」のようなものを提案した。しかし、こうした文をいくら提供されても、私たちがともに絶対的真理として認めなければならないようなことがそれで言われているとは思えないし、そうした報告をもとに、私たちがこれまで信じてきたもののうち、どれが本当に信じるに値するものでどれがそうでないかを判断することができるとは、到底思えない。

要点を整理すれば、以下のとおりである。感覚与件は、最初、それが持つ訂正不可能性が大いに重視され、それが言語によって表現できれば、それによって、ひたすら真とみなすしかない文が手に入ると思われていた。けれども、自分にそう見えているのだからそう見えているとするしかないというこの特徴が、一見魅力的に見えても、それを言語によって表現しようとすると、その結果は途端につまらないものになる。自分にどう見えているかをいくら言われても、それは自分にどう見えるかを問うという限られた言語ゲームにおいてしか有効性を持たず、例えば科学の法則の正しさを検討する際の最後の拠り所となるような客観的真理の役割を担うことはできないのである。

感覚与件論が、一時期一世を風靡しながら間もなく下火になったのは、それがそもそも右のような問題を最初から抱えていたからである。

2　イギリス経験論からの後退と、観察の理論負荷性の主張

一九世紀後半以降話題になった感覚与件論は、古典的イギリス経験論に由来すると言われることがあるが、当の感覚与件論は、ロックやバークリ（George Berkeley, 1685–1753）の感覚論と比べればはるかに後退している。感覚与件論では、純粋に感覚に与えられ感じられているがままのものがあるとするのが基本である。しかし、すでにロックは、私たちの感覚的知覚にはこれまでの経験や判断が影響を与えているという重要な指摘を行っていたし、ロックから示唆を受けて「モリニュー問題」を提起したウィリアム・モリニュー（William Molyneux, 1656–1698）もまた、視覚情報と触覚情報との間の記号関係を強調していた。そして、このことは、チェセルデン（William Chesselden/Cheselden, 1688–1752）の報告によってさらに注目されることになり、バークリもこのことを承知して自らの著書で繰り返しその問題に言及した。このように、一七世紀から一八世紀にかけてすでに例えば純粋に視覚に与えられたままの感覚与件のようなものがそのまま知覚されることはきわめてまれであることが知られていた。にもかかわらず、感覚与件論者は、私たちに純粋に与えられるがままの感覚与件を、私たちが実際に確認することのできる不可疑のものとし、これを捉えるよう努めるとともに、そ

れを言語表現したものと、私たちが現に信じている日常的信念や科学的知識との間の論理的関係を明らかにしようとした。感覚与件を正確に言語表現することの困難と、それができたとしてもその結果が単に主観的な発言でしかないことは、先に見たとおりである。

感覚与件論が提示されて以降、私たちの感覚的知覚の結果が私たちの信念や学習したことと不可分の関係にあり、それを純粋に捉えて言語化しようとする試みが原理的に問題を含むものであることが、次第に知られるようになる。それはとりわけ、前世紀後半になって、ウィルフリッド・セラーズ(Wilfrid Sellars, 1912–1989)やノーウッド・ラッセル・ハンソン(Norwood Russell Hanson, 1924–1967)らによって指摘された。ハンソンは、観察が理論を通してなされ、その結果、観察されるものがほとんど常に、なんらかのもの「として」観察されることを指摘し、以後この現象は、「観察の理論負荷性」(theory-ladenness of observation)と呼ばれることになった。

事態を明らかにするため、ここで先に、モリニュー問題を取り上げておく。

3　モリニュー問題

視覚に関して久しく話題になってきたものの一つに、ウィリアム・モリニューの視覚説がある。彼はダブリンのトリニティー・コレッジの出身で、母校にロックの『人間知性論』(*An Essay Concerning Human Understanding*〔1690〕)の研究を奨めた人である。[3] モリニューは一六八八年の春に公刊された『ビブリオテック・ユニヴェルセル・エ・イストリック』誌第八巻(四九〜一四二ページ)に掲載されたロックの『人間知性論』の要約を読み、同年七月七日にロックに手紙を書いた。その手紙でモリニューが提起したのが、のちに「モリニュー問題」(Molyneux Problem, Molyneux's Problem)と言われているものである。[4]

事情は不明であるが、モリニューが書いた手紙に対して、最初ロックからの応答はなかった。けれども、そののちモリニューはロックと親しくなり、一六九三年三月二日付けのロックへの手紙の中で、彼はその問題を再度提起した。ロックは『人間知性論』第二版(一六九四年)の加筆箇所でモリニューに言及し、その問題とそれに対するモリニューの解答を、次のように紹介する。

私はここで、あのきわめて天才的で学究的な真の知識の推進者、学識ある尊敬すべきモリニュー氏の問題を挿入しておきたい。彼は、数ヶ月前、それを私に手紙で送ってくれた。それは、次のようなものである。「ある人が生まれつき目が見えず、今大人になって、同じ金属でできた、ほとんど同じ大きさの立方体と球を区別することを触ることによって学び、立方体と球に触ってどちらが立方体でどちらが球であるかわかるとせよ。そこで、テーブルの上に立方体と球が置かれているとし、その目の見えない人が、目が見えるようになったとせよ。その人は、それらに触る前に、見ただけでどちらが球でどちらが立方体であるかが言えるか、答えよ。」これに対して、鋭敏で賢明な問題提起者は、次のように答える。「それは言えない。というのも、その人は、球と立方体がその人の触覚をどのように触発する〔刺激する〕かについての経験は持っているが、自分の触覚をかくかくの仕方で触発する〔刺激する〕ものが自分の視覚をしかじかの仕方で触発する〔刺激する〕という経験、つまり自分の手を不均等に圧迫した立方体のとがった角《かど》が、自分の目にはこのように見えるという経験を、まだ持ってはいないからである。」友と呼べることを誇りに思うこの思慮深い紳士のこの問題に対する答え〔……〕に、私は賛同する。[5]

モリニューのこの問題提起には、視覚は、網膜の形状などからして、それ自体としてはもともと三次元的情報を私たちに与えるものではないという前提がある。そして、三次元的情報を私たちに与えるのは、触覚であるとされている。私たちは見ただけで物が三次元的に見え、どちらが立方体でどちらが球であるかわかるが、それは、私たちの経験によって、視覚情報と触覚情報との間のつながりができあがっているからである。しかし、はじめて目が見えるようになった人にはそのつながりがないから、その人は目が見えるようになったとき、見ただけでは三次元的情報は得られず、したがって、立方体と球の区別はできないであろうという。この「モリニュー問題」は、以後バークリをはじめさまざまな知識人の関心を引くことになる。

4　ロックの知覚説

ロックが『人間知性論』でこの「モリニュー問題」を取り上げたのは、第二巻第九章「知覚について」の第八節においてであった。そこではロックはもともと次のような論を提示していた。

感覚によって受け取る観念は、成人ではしばしば判断によって変更されるが、私たちはこれに気づかない。ある一様な色の、例えば金とか雪花石膏とか黒玉とかの丸い球を私たちの目の前に置いたとき、それによって私たちの心に刻印される観念が、私たちの目の前にやってくるさまざまな度合いの明るさと輝きで多様に陰影づけられた平らな円の観念であることは確かである。しかし、私たちは、凸面体がどのような種類の見かけを私たちに示しがちであるか、物体の可感的な形が異なれば光の反射がどのように違ってくるかをつねづね知覚し慣れているので、判断はすぐ習慣によってその見かけをそれらの原因へと変更し、本当は多様な陰影や色であるものから形を推測してその多様な陰影や色を形の印として通用させ、凸面形と一様な色の知覚を形成する。ところが、それから私たちが受け取る観念は、絵の場合に明らかなように、多様に彩られた平面にすぎない。[6]

「感覚によって受け取る観念は、成人ではしばしば判断によって変更されるが、私たちはこれに気づかない」。つまり、私たちが感覚しているものはしばしば判断の影響を受けていると言う。ロックにとって、例えば、一様な色の球を見るとき、私たちに実際に見えているのは「私たちの目の前にやってくるさまざまな度合いの明るさと輝きで多様に陰影づけられた平らな円」である。けれども、私たちは「凸面体がどのような種類の見かけを私たちに示しがちであるか、物体の可感的な形が異なれば光の反射がどのように違ってくるかをつねづね知覚し慣れているので」、「判断〔が〕見かけを〔……〕変更し」て、「凸面形と一様な色の知覚を形成する」と言う。

ロックのこの見解は、モリニューのそれと呼応する。視覚情報は経験によって触覚情報とつながる。そして、そのつながりができると、見ただけで触覚情報が与えてくれていた三次元的な見方がそれに重ねられる。ロックは両者のこの関係を、「印」(mark)という言葉を用いて表現する。実際に見えているのは、さまざまに陰影づけられた平らな円であるはずだが、それが「印」すなわち「記号」となって、私たちは立体的な捉え方をするというのである。

ロックはまた、右の引用箇所に続けて、次のようにも述べている。

> しかし、私の考えでは、これは私たちの観念のどれにおいてもよくあることではなく、視覚によって受け取られる観念に限られている。なぜなら、視覚は私たちのすべての感官のうち最も包括的で、その感官にのみ特有な光と色の観念を私たちの心にもたらすが、また空間、形、運動という非常に異なる観念をももたらす。そして、空間、形、運動のさまざまなあり方は、その固有の対象である光と色の見かけを変化させるので、私たちは習性により、後者によって前者を判断するようになる。このことは、多くの場合、私たちが頻繁に経験するものにおいては、固定した習慣によって恒常的かつ迅速に行われるので、私たちは、自分たちの判断によって形成される観念を自分たちの感覚の知覚とみなし、一方すなわち感覚のそれはただ他方を喚起するのに役立つだけで、それ自身はほとんど気づかれないのである。[7]

趣旨は先ほどと同じである。

5　チェセルデンの報告

「モリニュー問題」に対するロックとモリニューの見解は同じであったが、やがてこの問題の解答の是非を検証するのに有効と思われる事実確認が行われる。それは、イギリスの外科医、ウィリアム・チェセルデンによる、先天性白内障患者の手術であった。

チェセルデンは、一七二八年に、生来の白内障によって目の見えなかった一三歳の少年の水晶体を切除して視力を回復させることに成功し、そのときのことを次のように報告している。

> はじめて目が見えるようになったとき、彼は距離についてまったく判断ができず、（彼の表現によれば）彼が触る物が彼の皮膚に接触しているのと同じように、どんな対象もみな、目に接触しているように思った。〔また、〕彼は対象の形を判断することができなかった。[8]

これは、モリニュー問題に対してロックとモリニューが与えた否定的解答が決定的であると思わせるものであり、このことから、モリニュー問題は、さらに多くの人々の関心を集めることになった。

6　カントの『純粋理性批判』の批評に見られるチェセルデンの報告

その事例を一つ挙げると、イマヌエル・カントは一七八一年に『純粋理性批判』第一版を出版し、また一七八七年にはその第二版を出版するが、それに対する批評の中に、チェセルデンの話が出てくる。

カントは『純粋理性批判』の超越論的感性論の中で、空間の概念は経験によって得られたものではなく、ある仕方であらかじめ私たちの感性の中にあると主張した。[9] このカントの発言は、モリニュー問題に否定的に答える人々、つまり、空間視は視覚情報と触覚情報が経験によって結合した上で成立すると見る人々には、問題発言と見られ、あるいは、少なくともなんらかの更なる説明が必要なものとされた。

例えばカントの初期の批評者の一人であるヘルマン・アンドレアス・ピストーリウス（Hermann Andreas Pistorius, 1730–1798）は、ヨーハン・フリードリッヒ・シュルツ（Johann Friedrich Schultz, 1739–1805）が一七八四年に出版したカント哲学の解説書（Johann Friedrich Schultz, *Erläuterungen über des Herrn Professor Kant Critik der reinen Vernunft* [Königsberg: C. G. Dengel, 1784]）に対する批評の中で、次のように言う。

> もし私たちが、生まれつき目が見えない人々が空間をどのように考えるかを厳密に知るなら〔……〕、この曖昧な問題に対して若干の光を投じることになるであろう。空間の表象になんらかの経験的なものが混入していることは、あの有名なチェセルデンの手術を受けた、生まれつき目の見えない人について言われている次のような事情から明らかであると、私には思われる。すなわち、目が見えるようになったあと、その人にはまるであらゆる視覚的対象が直接彼の目のところにあ

り、目に触れているかのように見えたのである。したがって、彼は、距離も、ましてや距離の大きさもわからず、生得幾何学（angebohrne Geometrie）とでも言うべきものを持ってはいなかったのである。[10]

要するに、ピストーリウスは、カントのように空間をもともと私たちの感覚能力の中に組み込まれているとするなら、チェセルデンの報告にあるようなケースをどう理解すればいいのかと言うのである。

また、ヨーハン・ゲオルク・ハインリッヒ・フェーダー（Johann Georg Heinrich Feder, 1740–1821）は、一七八七年出版の『空間と因果性について――カント哲学の吟味のために』（Johann Georg Heinrich Feder, *Über Raum und Kausalität zur Prüfung der Kantischen Philosophie* [Göttingen: Johann Christian Dieterich, 1787]）の中で、次のように言う。

生まれつき目の見えない人の空間の表象が、他の人々の〔空間の〕表象とどれほど違っているかという問いは、私の記憶するところでは、カントの『純粋理性批判』においては論じられていない。にもかかわらず、この問いは、この表象の基礎を研究する際には、至極当然のものであり、かつ重要な問いであると思われる。

しかし、生まれつき目が見えない人たちは、見えるようになる以前には、〔空間という〕この表現によって私たち他の者が今思い浮かべるのと同じ空間の表象をまったく持っていないということが、彼らについてなされた最善の観察から知られている。この表象が、実際に見えるようになる以前から、生まれつき目の見えない人の心の中にあったとすれば、見えるようになったときに、これまで触知していた球と立方体を、なぜその人はすぐにそれとはわからないのか、あるいは、その人にはなぜ視覚の対象がはじめ目に触れているように見えるのか、そして、その人が物体の距離や嵩や位置を見るようになるまでに、言い換えれば、それらが見ただけでわかるようになるまでに、なぜあれほど時間がかかるのかが、理解できないことになる。[11]

フェーダーは、ここでチェセルデンの名前を挙げることはしていないが、「彼らについてなされた最善の観察」という言葉は、まず間違いなく、チェセルデンのそれを表している。

7　『視覚新論』の基本姿勢

バークリもまた、モリニュー問題に深い関心を寄せた知識人の一人であった。[12] 彼は、自らの「物質否定論」の準備の一環として、視覚的データが二次元的なもので心の中に現れるにすぎないものであるにもかかわらず、どのようにして私たちは三次元的な、奥行きのある空間知覚を行うのかを、二十歳代半ば（二三歳もしくは二四歳のとき）に出版した『視覚新論』（*An Essay towards a New Theory of Vision*［1709］）で論じた。

視覚が視覚器官の構造から本来平面的な情報しか私たちに与えないはずなのに、なぜ奥行きを私たちは見ただけで感じ取るのか。この問いに対処するのに、バークリは、奥行きや距離は本来触覚が私たちに与える情報であるが、触覚的にこのような具合に感じられる場合に、視覚や、視覚に関わるなんらかの別の感覚において、それと並行してどのような情報が与えられるかを問う。触覚情報を得るときに並行して得られるこの視覚情報、さらにはそれと同時に得られるなんらかの感覚が、触覚情報と記号関係に入る。そして、ある視覚情報や、同時に起こるある感覚を得るとき、それが記号となって、実際には感覚していない触覚情報が重ねられ、私たちは見るだけで（そして、それと並行するある感覚を得るだけで）、奥行きや距離を、実際に触覚を用いていないにもかかわらず知覚することになると、バークリは考える。

対象までの距離が、どうして見ただけでわかるのかについて、バークリは視覚情報のいくつかの特徴を挙げる。まず、対象が遠くにある場合、一般にその対象とそれを見る私たちとの間に別の対象が多数知覚される。このことが繰り返し経験されると、間にたくさんの対象が見える場合には当の対象は遠くにあると判断される。また、対象が遠くにあるときには小さくかすんで見え、近くにあるときには大きくくっきり見える。これが繰り返し経験されると、小さくかすんで見える対象は遠くにあると判断されることになる。第三に、自分と対象との間の距離に応じて、私たちの両眼は内側に回転し、二つの瞳孔の位置が変わる。遠い対象を見る場合には、両眼の瞳孔は少し離れ、近い対象を見るときには近づく。この両眼の配置ないし回転は、ある感覚を伴う。遠くにあるものと近くにあるものを見るときのこの感覚の違いを何度も経験すると、両者の間に結びつきができ、その独特な感覚を感じるだけで対応する対象との距離が知覚されるようになるとバークリは言う。さらには、目の近くにある対象は、近ければ近いほどぼやけて見える。こうしたぼやけの経験が繰り返されると、ぼやけの度合いと対象との距離との間に結合が形成され、強いぼやけが見られると距離が近いと判断され、ぼやけがさほどでないとそこそこの距離があると判断されることになるとバークリは考える。もう一つバークリが挙げるのは、近い対象の場合のぼやけを解消するため私たちは目を緊張させる。その緊張によって目の近くにある対象がぼやけて見えるのをある程度防ぐことができるが、そのときの緊張の感覚もまた、私たちに対象の近さを知らせると言う。[13]

バークリがここで扱っているのは対象との距離であって、対象そのものがどのような三次元的特徴を持っているかということではないが、考え方自体はロックやモリニューと同じである。実際バークリは『視覚新論』の第一三二節において、次のようにロックとモリニュー問題とに言及している。

私たちの説をさらに確証するものとして、私たちはロック氏が自身の『試論』（＝『人間知性論』）の中で公にしたモリニュー氏の問題の解決を挙げることができるであろう。私はそれを、それに関するロック氏の意見とあわせて、そのまま引用しておきたい。[14]

そして、その節の残りの部分で、先に引用した、ロックが『人間知性論』で「モリニュー問題」を紹介した箇所をそのまま引用し、続く二節で若干の解説を試みたあと、第一三五節で次のように述べている。

私は右に述べた問題を、なんらの考察もせずにすませるわけにはいかない。すでに明らかになったように、生まれつき目の見えない人がはじめて見えるようになったとき、自分が見たものを、触覚の観念に対して使用するのを常としてきた名前で呼ぶことはないであろう（第一〇六節参照）。「立方体」、「球」、「テーブル」は、触覚によって知覚することのできるものに適用されることを彼が知っていた言葉であるが、まったく触れることのできないものにそれら〔の言葉〕が適用されることを、彼はまったく知らなかった。それらの言葉は、〔彼の〕それまでの使い方においては、常に、〔彼に〕抵抗を与えることによって知覚された物体ないしは固性を持つ物を、彼の心に表した。しかるに、固性や抵抗や出っ張りは、視覚によって知覚されるものではない。要するに、視覚の観念は〔彼にとっては〕すべて新たな知覚であって、それらの新たな知覚に対して付与されるいかなる名前も、彼の心の中には〔まだ〕存在していない。したがって、彼は、それらについて語られることを、理解することができない。そして、彼が見るテーブルの上に置かれた二つの物体について、どちらが球でどちらが立方体かと問うのは、彼にとってはまったくからかっているだけの、わけのわからない問いである。というのも、彼が見るものは、物体の観念や距離の観念といった、一般に彼がすでに知っているものの観念を、彼の思考に示唆することができないからである。[15]

見られるとおり、触覚情報と視覚情報は本来別物なので、これまで触覚によって諸種の区別ができていたからといって、見ただけで同じ区別が行えるものではないというのが論点である。

また、彼は続けて、次のようにも言う。

同じ物が視覚と触覚のいずれをも〔同様に〕触発する〔刺激する〕と考えるのは誤りである。もし触覚の対象である角《かど》や四角い形が、そのまま視覚の対象でもあるとするなら、目の見えない人が見えるようになったとき、どうして角や四角い形がわからないのか。というのも、それらが視覚を触発する仕方が彼の触覚を触発した仕方とは異なるとしても、この〔視覚による〕新たな未知の仕方や状況のほかに、古い既知の角や形が〔彼の心の中に〕あるのだから、彼はそれを識別せずはいられないはずだからである。[16]

このように、バークリはロックとモリニューの路線を継承し、なぜ私たちは見ただけで対象が立体的に見え、また対象との距離がわかるのかを説こうとするのである。

8　『アルシフロン』

因みに、バークリは、一七三二年に出版した『アルシフロン』（*Alciphron*〔1732〕）でも、同じ路線をとる。彼はその「第四対話」で、視覚それ自体は見ている当人から対象までの距離を知覚させるものではないとし、対象との距離は本来触覚によって知られるものだとした上で、離れたところにある対象は小さく見えたりかすんで見えたりするといった経験を重ねると、私たちは見ただけで距離がわかるようになると論じる。

こうした議論に続けて、バークリは、自身の代弁者である登場人物の一人に、次のように語らせる。

生まれつき目が見えず、のちに目が見えるようになった人は、はじめて見えるようになったとき、見えるものが自分から離れたところにあるとは思わず、自分の目の中に、あるいは自分の心の中にあると思うということが帰結しないか。[17]

そして、この箇所のあとで、バークリは自分の分身にさらに次のように語らせている。

およそ、視覚の本来の対象は、多様な色合いや度合いを持つ光と色であると見られる。それらはみな、無限に多様化され組み合わされて、触覚的対象の距離や形や位置や大きさやさまざまな性質を私たちに示唆し示すのに驚くほど適した言語を形成する。[18]

このように、バークリは後年においても『視覚新論』の基本姿勢を堅持し、視覚情報が触覚情報の記号であるという見解によって自身の記号的世界観を補強しようとした。

9 観察の理論負荷性の先取り

右に見たロックからバークリに至るイギリスの感覚論が、私たちは単に与えられるものをそのまま受け取っているわけではないとする点において、いかにのちのハンソンやセラーズの見解を先取りしていたかは明らかであろう。

ハンソンは、私たちの「観察」が単に感覚与件をあるがままに受け入れているといったものではなく、そこには私たちがすでに持っているなんらかの見方（彼はこれを「理論」と総称する）が働いており、そのため私たちはあるものを見てそれを「ウサギ」として捉えたり「アヒル」として捉えたりすると言う。[19]この観察の理論負荷性の現象は、またセラーズによって、私たちの認知はすべて言語的であるという仕方で捉えられる。[20]私たちがなんらかの感覚を得るとき、それはすでにある仕方でかくかくしかじかのもの「として」捉えられている。それをどう捉えるかは、私たちがその時点でどのようなことを信じ、どのような考えに従って生きているかによって決まる。ということは、私たちのものの見方・考え方が変化すれば、それによって、五感で捉えられているものの理解の仕方も異なってくる。昔のギリシャ人が「ゼウスの雷霆」[21]として捉えていたものを、今の私たちはある種の「放電現象」として捉えるの類いである。新たな見方、新たな考え方、新たな理論が持たれるようになると、それに応じて、私たちが感覚によって知覚するものも、従来とは異なるもの「として」捉えられる可能性が生じる。そこには、カントが好むような「こうでなければならない」はなく、また、プラトンが目指すような最終的なゴールが予見されているわけでもない。

10　ロックに対するもう一つの誤解

本章の、もう一つの話題に移ろう。

ローティは、西洋近代の認識論は、人間の知的営みの固定化を図ったと見る。彼によれば、その張本人はデカルトとロックとカントである。デカルトは確かに、基礎づけ主義的な学問観を提示した。

またカントは、これも公式の主張としては、ローティの言うように、人間の思考に一定の制限を加えようとした。実際には、本書第Ⅲ部で見るように、デカルトもカントも、変容する自然科学的信念を基盤としていたにもかかわらずである。これに対して、ロックが『人間知性論』で展開した考え方は、随分と方向が違っていた。だから、ローティのように、ロックもまた同じ方向でことを進めるのに貢献したとするのは、私は間違いだと思う。この件は、生前ローティと、幾度か議論してきたことである。[22]

以下では、私とローティとのかつての議論を念頭に置き、ロックがむしろローティ側の人間であったことを確認する。

11　知のメカニズム――ローティの嫌いなもの

私たちが認識を行う際に働いている「メカニズム」をロックが論じることに対して、ローティはきわめて否定的であった。彼の見解では、私たちが自分の認識の正しさを示そうとすれば、必要なのはそれを正しいとする「理由」であって、私たちの認識のメカニズムを論じることではない。例えば、「三角形の内角の和は二直角である」というのが正しいことを示すのに、カント風に「自分の心の中には空間があって、そこに想像力でもって概念を直観化するのだ」といった話をしても、それはどうでもいいことだと言う。確かに、それはそうである。そのため、ローティは、ロックのように私たちの心の機能を論じるのは、知識の候補となるものに対して必要な「正当化」（つまり、それが真であることを示すなんらかの証明の手続き）と、私たちの心の働きを明らかにしようとする「説明」とを、混同するものだと言う。ロックのそういう混同が、カントの『純粋理性批判』の悪しき議論に多大な影響を与えたと、ローティは言う。[23]

しかし、カントがロックの仕事をどう誤解したかはともかく、ロックには、そういう「メカニズム」の「説明」をしなければならない理由があった。その一つは、復活した古代の原子論（粒子仮説）を含む科学の認識論的説明が必要だったことにある。直接知覚することのできないものを仮説的に想定する手続きがどのようなものであるか、そして、仮説を形成する場合、どのようなことに気をつけなければならないかといったことを説明する必要が、ロックにはあった。だが、ローティはそうした説明に異議を唱え、ロックをデカルトからカントに至る悪しき認識論の重要なステップと位置づけた。

12 「観念」の論理

ロックは『人間知性論』第二巻第八章で、自身の認識論の基本的な枠組みについて考察する。彼はバークリの言う「二重存在」[24]の考え方をデカルトから受け継いでおり、私たちが日常「物」として感覚によって直接知覚しているものとは別のあり方をする「物そのもの」（Things themselves）を新たに仮説的に想定する。そして、私たちが、日常、感覚によって直接知覚しているものを、そうした新たに想定された物から私たちの感覚器官が刺激を受けることによって私たちの心の中に産み出されるものとして、その位置づけを変更する。すなわち、それらを、すでに日常「心の中」にあると考えられている他のものとともに、「観念」(Idea)として扱う。感覚によって知覚している観念の場合、いわばその向こうに仮説的に想定された「物そのもの」があり、私たちが知覚している観念は、そうした物そのものが私たちの感覚器官を触発(affect)することによって心の中に産み出されると言う。こうして、物そのものと観念の二重存在構造が導入されるのである。

バークリ以来、この二重存在構造は私たちの認識を不可能にするという批判が、久しく行われてきた。[25]しかし、この批判は、仮説的思考の論理の実際をまったく誤解している。物と、それを知覚する心との間に観念が割り込むことによって、心は物を認識できなくなったという主張には、その場合の物がどういうものであるかについての注意がまったく欠落している。デカルト的・ロック的二重存在構造において物ないし物体と考えられているのは、ある科学的理由(その理由の基はすでに日常にある)から、新たに想定されたものであって、最初から直接知覚されないことはわかりきったことである。そうした新たに想定された「物体」ないし「物」ないし「物そのもの」について、それらが基本的にどういうものと考えられるかは、想定される段階でかなり立ち入って考えられているのであって、単に漠然と、日常「物」と考えられているものとはなにか違ったものがあるのではないかといった程度のことが考えられているわけではない。例えばデカルトにしてもロックにしても、形や大きさは持つが色や熱さ・冷たさなどについては私たちが感じているものをそのまま持つのではないような物を想定してみる必要があるということを、さまざまな理由から考えている。そのようにして、新たに「物体」や「物」や「物そのもの」と言われるものが想定されると、私たちがこれまで「物」と考えてきた、感覚によって直接知覚されるものを、「物」として考え続けるわけにはいかない。新たな

「物」の存在を想定する以上、これまで「物」と考えてきたものを引き続き「物」として扱うわけにはいかないのである。そこで、ロックはデカルトに従って、感覚によって直接知覚されているものを、新たに想定される「物そのもの」が私たちの感覚器官を刺激するのに応じて私たちの心の中に産み出される「観念」とみなす道をとるのであって、このプロセスの中では、新たな物体のあり方を仮説的にかなりの程度において勘案することが、出発点となっている。したがって、観念を導入したため物のあり方がわからなくなったというのは、仮説的思考の実際に対する無理解の現れでしかないのである。

興味深いのは、ロックが『人間知性論』第二巻第八章において、次のように述べていることである。

私たちの観念の本性をよりよく発見し、私たちの観念についてわかるように論じるためには、それらを私たちの心の中の観念ないし知覚としてのそれと、そうした知覚を私たちの中に産み出す物体における物質のあり方としてのそれに、区別するのがよいであろう。[26]

ロックは新たに仮説的に想定される「そうした知覚を私たちの中に産み出す物体における物質のあり方」も、私たちが考えているものである以上、広義にはそれも「観念」であると考えている。つまり、外に新たに想定されるものと、それによって心の中に産み出されるものの区別の中で、「物そのもの」と狭義の「観念」との関係が説かれることになる。ロックは粒子仮説をさしあたり最良の仮説と考えており、そうした考えのもとに、その仮説的思考がどのような枠組みの中で進められるかを、

『人間知性論』の広範な部分で説こうとするのである。

ロックの場合、新たに想定される「物そのもの」が仮説的考察の結果であるということは、重々意識されている。カントが「物自体」を認識不可能とするのとはまったく異なるスタンスを、彼はとっている。ロックの「物そのもの」は、しかるべき理由があって想定されるのであって、カントのように、認識不可能な「物自体」を特段の理由もなく存在すると決めつけるのとはわけが違う。ここには、のちのカントにおける科学的思考の変質の実態を見ることができる。

13 「実体」の複合観念と「様態」の複合観念

ロックは複合観念を「様態」(Mode)と「実体」(Substance)と「関係」(Relation)とに分ける。[27] 当面の話題と特に密接に関わるのは、彼による「様態」と「実体」の区別である。どちらも複合観念である限り、単純観念から構成されるのであるが、ロックは「実体」の複合観念と「様態」の複合観念には基本的な違いがあると言う。それは、多くの場合、「実体」の複合観念には外的原型があるのに対して、「様態」の複合観念にはそれがなく、それ自体が原型であるという点にある。

実体の複合観念というのは、平たく言えば「物」の観念である。例えば私たちが日常「物」だと思っているものは、形や色や熱さや冷たさなどのさまざまな性質の集合体であり、その観念の場合には、実際に感覚的に知覚しているときにそれが示すあり方が、その原型となる。例えば私たちは人間の観念を持っているが、それは私たちが経験している人間が実際に示す性質を備えたものでなければならないと、一般に考えられている。そして、粒子仮説的に言えば、そうした私たちが実際に感覚的に知覚する原型となるものは、いわばその向こうに仮説的に想定されている「物そのもの」のあり方に似ていたり対応したりするものであると考えられている。私たちが感覚によって知覚している物の形は、仮説的に想定される粒子の集合体の形と似ているとされる（私たちは粒子の集合体の形をあるがままに知覚するわけではない。もしそうだとしたら、私たちは粒子を知覚することができるということになるからである。そのため、私たちが実際に知覚する物の形は、粒子の集合体の形におおよそ「似たもの」でしかなく、それと「同一」とは言えない）。これに対して、色は、粒子仮説（ないしその原型である古代ギリシャの原子論）では、外にある粒子ないし原子にはないと想定される。ではなぜ私たちは色を感じるのかといえば、私たちの身体は、ある感覚器官にある種の刺激が与えられると色を感じるように作られているからだと説明される。そして、例えば赤く見えるときと青く見えるときとでは、私たちに刺激を与えている物そのものを構成する粒子の組み合わせに、対応するなんらかの違いがあるとされる。そこで、私たちが感じる色に似たものが物そのものにあるとは言えないものの、物そのもののなんらかのあり方の違いが、色の違いとして感じられるとされるのである。

このように、外にあると仮説的に想定されるものとなんらかの密接な関係を持つものとして、私たちが感覚するものが与えられ、そのあり方が原型となって、日常私たちが物と考えているもの、つまり、「実体」と呼ばれるもののさまざまな観念が持たれるという。この意味で、実体の複合観念のうち、「物体」とか「物」とか言われるものについては、それは、外にあると仮説的に想定されるもののあり方に拘束されており、私たちが任意に形成することは通常は許されないとされる。

これに対して、「様態」は、平たく言えば、多くの場合、物のあり方のことである。例えば「三角形」とか「近親相姦」とかの観念がそれである。物が三角形の形をしていたり、ある人が「近親相姦」と呼ばれる行為をするといったことから、そうしたあり方を示す「物」とか「人物」とかとは区別されて、そのあり方が「様態」と呼ばれる。「三角形」はともかく、ロックは人間社会の出来事を表す様態の観念の事例として、右に挙げた「近親相姦」とか、「殺人」とかといった生々しいものを、しばしば挙げているが、それは、当時のイングランドの世相を反映している。

ところで、こうした様態の観念について、ロックはそれには原型がある場合があるものの、基本的に、私たちは、自分の必要に合わせて任意にこれを作ることができるとする。このことは、人間のあり方としての様態を考えるとわかりやすい。私たちはこんな生き方がしたい、こんな行動がしたい、こんな社会であってほしいなどと、思いをめぐらせる。このとき、人間や社会のあり方としての「様態」が構想されているわけであるが、それは現に存在する様態である必要はない。こうありたいと思うときには、現にそういうものがあるわけではない場合が多い。そのことを考えれば、「様態」の観念は、なんらかの外的原型にしばられることなく、（その中に矛盾を含むのでない限り）私たちはそれを自由に形成することができるとロックは考える。

様態の観念のこの自由な形成の考え方は、ロックが私たちは変わりゆく存在であるということを十分に自覚していることの現れであり、この点でロックは、ローティがどのように言おうとローティの先駆者である。これまでになかったあり方を考え、それを実現しようと努力する。このような、変わりゆく存在として人間を見るローティの人間観は、ロックの『人間知性論』の至るところに表れ、この点で、重要な概念のアプリオリ化（固定化）を図るカントとは明確に異なる姿勢を、ロックは持っていたのである。[28]

14 「実体」の観念と仮説的基盤

だが、ローティはそれでも、ロックが自身の思想の先駆者だとは認めなかった。ロックは、仮説的に想定された物そのもののあり方を「実在的本質」(real Essence) と呼び、私たちが日常「物」だと思っているものの物としてのあり方を、「名目的本質」(nominal Essence) と呼んだ[29]。後者がなぜ名目的かというと、それは私たちがそう思っているだけのものであって、物の本来のあり方は仮説的に想定されたもののほうにあると考えられているからである。

ローティがこだわったのは、ロックのこの real Essence という言い方である。これは、物の「本当の」本質(あり方)のことではないかと彼は言う。だから、ロックは、私たちがどう考えようとそれとは関わりなくある仕方で存在している物というものを明確に想定していると、ローティは言う。ローティにとってみれば、私たちの考えとは関係なく物はあるあり方をしていて、私たちの考えはそれに拘束されなければならないとするような考え方は、到底容認されるものではなかった。そして、real Essence という言い方からして、ロックはまさしくそうした容認できない思想を持った、典型的な人物に見えたのである。

だが、ロックの言う nominal Essence が、そう言われているだけの本質ということを意味しているように、real Essence というのは「物」(res) としてそれが持っている本質ということを言わんとするにすぎず、そのあり方は厳然と定まっていて私たちはただそれに従うしかないということを意味するものではない。先に私たちは、ロックが広義の観念を、物質のあり方と、それとの関係において心の中に現れる狭義の観念の、二つに分けたことを見た。心の外にあるとされる物質ないし物体ないし物そのものがどういうものであるかということもまた、私たちが考えることであり、これも広い意味で「観念」にほかならない。しかも、先に述べたとおり、ロックは外にあると新たに想定されるものが仮説的に考えられるものであること、そして、彼が採用している粒子仮説が当時としては最良のものと考えられるということを、よく承知していた。[30] このことを考えれば、ロックが「実在的本質」という表現を使って説明するからといって、彼が人間とは関わりなく真理は定まっているという考えに強い執着を持つ人物だとするのはあたらない。むしろロックは、人間の工夫によってよりよい考えに至りうることに強調点を置く、ローティに近いタイプの哲学者であった。

第Ⅲ部

仮説

第6章　デカルト――仮説ベースの基礎づけ主義

はじめに

デカルト（René Descartes, 1596–1650）には、のちの生涯にとって大きな意味を持つ出来事が、若い頃二つ続けて起きた。一つは、一六一八年一一月一〇日のことで、その日デカルトはオランダのブレダの町でイサーク・ベークマン（Isaac Beeckman, 1588–1637）に出会う。二人はすぐに意気投合し、彼らは年末までの数週間、流体力学や物体の落下について共同で研究し、このときデカルトは、数学によって全宇宙を捉えることができると確信する。[1] この確信は、以後のデカルトの、科学者としての仕事の基調となる。

二つ目の出来事は、そのちょうど一年後の一六一九年一一月一〇日のことで、この日デカルトは「驚くべき学の基礎を見いだした」と言う。そしてそのあと、一夜のうちに三つの夢を見ている。[2] この夢によって、デカルトは新たな学問を自ら樹立するという使命を自覚することになるのだが、眠りに就く前に彼が見いだした「驚くべき学の基礎」というのは、彼がのちに展開する第一哲学（形而上学）の基本構想をも含むものと考えられる。

デカルトは、「自然学」が諸学の基礎をなすと考え、その自然学をさらに「形而上学」が支えると言う。[3] 彼は、その二つの基礎となる学、すなわち自然学と形而上学の持つべき方向性を、右の、二二歳と二三歳のときの出来事を通して、確信することになったと思われる。

右に述べたように、自然学と形而上学の関係は、諸学を自然学が支え、さらにその自然学を形而上学が支える形になっている。そして、『省察』（*Meditationes de prima philosophia*［1641/1642］）が示すように、デカルトは懐疑の過程を経てこれまで信じてきたことをすべて排除し、疑いのない第一原理からすべてを立て直そうとする。このことからわかるように、彼の形而上学（第一哲学）は、定まった真理をあるがままに捉え、それを積み重ねて学問の全体を構築するという性格を顕著に持っているように見える。つまり、彼の形而上学に見られる学問観は、私たちの物事の捉え方がさまざまな仕方で変化していくことを当然視するものとは真逆のように見える。だが、実際の彼の営みは、デカルトが読者に印象づけようとするものとは違い、仮説構成という自然学の創造的な営みが、彼の形而上学を支えていた。本章で明らかにしようとするのは、デカルトの形而上学のこうした性格である。

この観点からデカルトを読むとき、注意しなければならないことがある。それは、デカルトの形而上学（第一哲学）に自然学（自然科学）の考えが入り込んでいて、そのことが彼の第一哲学の議論にとって本質的な役割を果たしているということを、偏見を持たずに見ることである。ここに言う偏見とは、デカルトはそうした既成の知識や信念をすべて捨てることから第一哲学を始めたのであって、彼の第一哲学に自然科学が入り込んでいるとしても、それは、本来排除されるべき、本質的ではない混合物であるという思い込みのことである。この思い込みの見直しを、私たちは図らなければならない。こうした点に注意しながらデカルトの『方法序説』（*Discours de la méthode*［1637］）第四部や『省察』や『哲学の原理』（*Principia philosophiæ*［1644］）第一部を読むなら、それによって私たちは、デカルトの形而上学もまた、これまでの人間の歩みを超えて新たな視界を開こうとする、創造的な営みだったことがわかる。それはけっして、定まった真理をあるがままに捉えるといったものではなく、デカルトもまた、そういうものの与えられていないところで、科学者として、あるいは形而上学者として、新たな道を開拓した人の一人だったということである。

1　「観念」語法の自然学的基盤

デカルトと言えば「基礎づけ主義」の典型であるように言われ、確固不動の真理を求め、それを積み重ねて学問を構築するという「建築ブロック説」的学問観で知られる。けれども、彼の『省察』や『哲学の原理』第一部をつぶさに見ると、彼が明示している学問観とはかなり異なることが実際には行われていることがわかる。そのことは、彼が用いる「観念」語法そのものにすでに認められる。

デカルトは、これまで信じてきたことのすべてを疑い、少しでも疑わしいものはすべて排除して、なにも信じられない状態に自らを置く。ところが、そのように疑っている私が存在することは疑えないとして、「我あり」を、最初に見つかる絶対に疑えないものとする。そのあと、彼は「私」を「心」とし、その心の中に「観念」があるとする。そして、この観念の一つである神の観念から、神の存在を証明し（神あり）、この神を媒介として、物体の存在を証明する（物体あり）。このように、「観念」は、デカルトの第一哲学において、不可欠の役割を果たしている。

デカルトの言う「観念」（idea）には、「神の観念」が典型的にそうであるように、「概念」が含まれる。すなわち、神について、それはこういうものだと思っているとき、私たちは「神の観念」を持っているとされる。しかし、デカルトが「観念」と呼ぶものは、そうした「概念」的なものだけではない。彼は、私たちが目を開いているときに見えるものをはじめとして、感覚的に知覚されるものを「観念」と呼ぶ。したがって、今私たちが見ている色や形は観念であるし、聞こえている音も観念である。加えて、こうした感覚されるものを心の中で再現したり、想像力によってそれに変更を加えたりしたもの――いわゆる「心像」――も、「観念」と言われる。

観念は心の中にあるとされる。観念のうち、概念としての観念や心像としての観念については、それらが心の中にあるということは比較的納得しやすいであろう。それらに加えて、私たちが感覚的に知覚している色や形や音などもみな、心の中の観念だとされる。しかし、それらは日常、外にあるもの、もしくは外にあるものが持つある性質だと思われているのであるから、それらが心の中の「観念」とされるにあたっては、なんらかの理屈ないし考えないし理論がそこにはあると考えなければならない。事実そのとおりで、デカルトは、例えば私たちが色や形を見るとき、ある種の因果過程が外界に存在していて、私たちが感覚する色や形などは、そうした因果過程に呼応して（それを「機会」として）私たちの心の中に生じると考えている。

例えば視覚の場合、眼底に映った逆転した外界の像に対応する形が、神経を媒介として脳の内側に描かれ、さらにそれに対応する像が松果腺の表面に描かれるとデカルトは考える。このように、松果腺という身体の一部に像が描かれると、それに応じて心の中に色や形が見えるとデカルトは言う。

要点はこうである。なぜ感覚によって知覚しているものが心の中の観念とされるのか。それは、デカルトが、心の中と、心の外の物体の世界とを峻別する考えを基本としており、しかも、私たちが感覚的に知覚しているものは、外の世界で起こっていることに対応して心の中に現れると考えるからである。したがって、『省察』の「第一省察」で物体の世界がすべていったん消去されてしまうにもかかわらず、デカルトの議論は、外の物体の世界と心の中という二つの異質の領域からなる全体像を常に念頭に置いた形で進められ、そのため観念は、心の中にあるとされるのである。

このように、私たちが直接感覚によって知覚しているものすべてが、外にあるものの性質そのものではなく、私たちが心の中で知覚している「観念」にすぎないというデカルトの考えは、外界の存在を前提として構成された枠組みの中で機能している。しかも、この枠組み自体は、デカルトが自然学に関する考察の中で、形成し練り上げていったものであった。

先に触れたように、デカルトはベークマンと知り合ったあと、古代の原子論の見解と呼応するような物体観を明確に採用する。それは、私たちが感覚によって知覚している諸現象を整合的に説明するため、日常的な物体観が示すものとはある点で大幅に異なる種類の物体を、新たに仮説的に想定しようとするものである。私たちが日常物体からなる世界だと思っている世界は、今知覚しているような、色も形も持つ諸種の物体からなるとされている。しかし、デカルトは、古代の原子論者と同じように、物体は本当は色や味や匂いなどを持たず、ただ形や大きさといった幾何学的な性質のみを持つと考えた。こうした、日常的に私たちが「物」とか「物体」とか思っているものとは異なる種類の物体を新たに仮説的に想定すると、それと連動して、私たちが感覚によって知覚しているものは、そうした外に存在する物体（人間の身体も含む）が織りなすある因果過程に対応して心の中に現れるものとして、その位置づけが変更されることになる。つまり、日常私たちが物体と思っている感覚されているさまざまなものは、心の中に現れる観念として、他のすでに心の中にあるとされてきたものと同じ扱いを受けることになるのである。

私たちが直接感覚的に知覚しているものを心の中に位置づけ直すというこの手続きは、古代の原子論と、それが一六世紀から一七世紀にかけて復活し、「粒子仮説」等の名称で呼ばれるようになったものとに、共通に認められるものであった。原子論や粒子仮説では、原子や粒子と呼ばれるものが真空の空間（空虚）の中を運動すると考えられていたが、デカルトはある理由から空虚の存在を認めなかった。またデカルトは、それ以上分割できない「不可分割者」としての原子の存在を認めなかった。したがって、その意味で、デカルトは原子論者ではない。しかし、彼は物体の微細な部分（粒子）の働きによってさまざまな現象を説明しようとし、また、右に述べたように、物体に、数学的に扱える性質しか認めなかったことからして、彼の考えは原子論に近く、そのためその考えは、古代の原子論の復活に大きく貢献することとなった。

デカルトがこのような自然学的考察の中で自らの「観念」語法を彫琢していったことは、彼が最初に出版を予定していた『世界論』（*Le Monde*）によって確認することができる。のちに出版される『方法序説』や『省察』や『哲学の原理』では、『世界論』に認められるその「観念」語法が、一部を変更した形で用いられている。つまり、デカルトにおいて、「観念」という言葉の新たな用法自体が、自然学的考察の成果の一つだったのである。

2　第一哲学の中のもう一つの自然学的考察

『省察』にはいくつかの重要な局面で自然学的考察の成果が盛り込まれている。この点は、右の、「観念」語法自体がデカルトの自然学的見解を基盤としているということと重なる内容を持つ。すなわち、私たちが日常「物体」だと思っているものとは異種の物体を新たに仮説的に想定するにもかかわらず、その新たに想定されたことが、それが仮説的に想定されたことであるという点を一切強調されることなく、当然のこととして持ち出されるのである。

この自然学的考察は、次のような仕方で現れる。『省察』の「第三省察」で、デカルトはあることについて、「明晰に捉えていると思い込んでいて、実際にはそれを捉えていなかったことがあった」[4]と言う。そして、それは具体的には、「私の外に、それらの観念を生ぜしめたものがあり、しかもそれらの観念はそれを生ぜしめたものとまったく似ている」[5]ということだったと言う。つまりデカルトはここで、これまで私の外に色や形などの観念を生ぜしめたものがあって、それは私の観念と似たものであると考えていたが、それは間違っていたと言うのである。観念とそれを生ぜしめたものが必ずしも似ているわけではないというこの見解は、『省察』のそれまでの箇所ではどこにも出てこないし、もちろん、検討されてもいない。しかし、デカルトがその出版を諦めた『世界論』や、『世界論』の代わりにのちに彼が『方法序説』とともに出版した三つの試論（正確にはそのうちの二つ）や、『哲学の原理』の第二部以降を見れば、それがデカルトの自然学的考察の結果であることは、一目瞭然である。

デカルトが『省察』の中で自然学的考察に依拠していることがよくわかるものの一つに、「太陽の観念」についての議論がある。デカルトによれば、太陽の観念には二つあり、一つは、感覚からくみ取ったもので、その場合には、「太陽は私にはきわめて小さく見える」[6]。ところが、もう一つの、天文学の推論からとってこられた観念では、太陽は「地球よりも何倍も大きい」[7]とされている。しかし、これら二つの観念のどちらもが外にある同一の太陽に似ていることはありえない。そして、「理性」

(ratio) の教えるところによれば、前者の観念、すなわち太陽そのものから出てきた「外来観念」と見ていいはずの観念こそが、太陽に「最も似ていない」[8]と言う。

またデカルトは、「熱さ」と「冷たさ」を例に挙げて、次のように言う。

私が持っている熱さと冷たさの観念はほとんど明晰判明ではなく、冷たさが熱さの欠如にすぎないのか、それとも熱さが冷たさの欠如なのか、あるいは熱さも冷たさも実在する性質なのか、どちらもそうでないのかを、私はこれら二つの観念からは知ることができない。[9]

これも、数学的に処理できる性質だけを物体の性質と認めようとする、自然学的見解を表明するものの一つである。

デカルトはこのように、形而上学(第一哲学)の重要な議論の中で、形而上学が支えるはずの自然学に属する考察の成果を用いる。つまり、デカルトの形而上学は、「観念」語法とともに、自然学的見解に支えられた議論を、その重要な要素としているのである。

3　自然の光

デカルトが提示する基礎づけ主義的・建築ブロック説的な学問観にもかかわらず、彼の第一哲学は実際には自然学的考察を基盤とした「観念」語法に依拠するとともに、その議論の重要な要素として自然学的考察の成果を使用していた。ということは、そうした基礎づけ主義的・建築ブロック説的な学問観が実際に彼の思考の全体をリードしているのではなく、その重要部分を科学者としてのデカルトの考察が占めていたということである。加えて、その科学は、新たな物体観を創出する（あるいは古代の思考を復活させる）ような創造的な試みであって、訂正されることのない絶対的真理を積み重ねていくようなものではなかった。

デカルトのこうした実際を知る上で重要なキーワードの一つに、「自然の光」（lumen naturale）がある。彼は例えば、私は疑うということから私は存在するということが帰結するのは「自然の光」によるのであって、それは「けっして疑わしいものではありえない」[10]と言う。彼は、自然の光が示すものについて、それを「真ではないと教えることのできる能力はほかにはありえない」[11]と言い、また、

自然の光によって私に明示されること、例えば、私が疑うことから私があることが帰結するとか、それに似たことは、みな、けっして疑わしいものではありえない[12]

と言う。

このように、「自然の光」は、「我あり」も含め、それと同等の確実さを持つ知識のすべてについて、それを獲得するときに機能している能力であるとされる。そして、

私は、神が私に〔実際に〕与えてくれたよりももっと大きな理解力（vis intelligendi）、すなわちもっと大きな自然の光を与えてくれなかったと不平を言う理由を少しも持ち合わせてはいない。とい

うのも、多くを理解しないということは、有限な知性（intellectus finitus）にふさわしいことであって、有限であるということは、創造された知性にふさわしいことだからである[13]」という言葉が示唆しているように、それは「知性」（intellectus）の別名である。

このように、デカルト自身としては、自らの第一哲学は、「我あり」と同等の確実性を持つ認識を、「自然の光」を頼りとして積み重ねていくことによって構成されていると考えていることがわかる。重要なのは、そうした「自然の光」によって捉えられたもののうちには、先ほど指摘した自然学的考察の結果も含まれているということである。

デカルトは、物体の観念を構成するもののうち、私が明晰判明に認知するのは大きさや形や位置や運動のようなものだけであり、色や音や匂いや熱さ・冷たさなどは混乱したものであって、後者の作者は私にほかならず、私の不完全性によるものだと言う。そして、その場合にも、そうした知識を自然の光によって獲得されたものとする。デカルトは、色や音や匂いや熱さ・冷たさのような観念はそれに似たものが外の物体にあるのではなく、したがってその意味で「偽」であると考えるのであるが、そのことを、「ひたすら私の本性がまったく完全ではないために、〔それらは〕私のうちにある[14]」と表現し、しかもそのことは、「自然の光によって私に知られている[15]」と言うのである。つまり、『省察』の全体は「我あり」と同等の確実性を持つものによって構成されており、時折現れる自然学的考察の結果もまたそうしたものの一つというわけである。

デカルトのこの考え方は重要である。彼が、結局のところ、第一哲学を構成する各命題の確実性の度合いは同等であって、いずれも知性によって確認されたものだと言うのであれば、そのうちの自然学的考察に属するものが、仮説的思考によって導出されたものであることからして、すべてが後者と同じ水準のものであったかもしれないということが、ここから導き出せることになる。つまり、彼の第一哲学は、すべてが、デカルトにとって確かだと思われるものから成り立っているだけで、それらが絶対的確実性を持つことは、実は、必ずしも保証されているとは言えない。なぜなら、繰り返すが、そこには幾重にも仮説的思考の結果が入り込んでいるからである。この点は、ここでは触れるにとどめるが、ニーチェの次の言葉はこの件に関して重要である。

> 「思考される。したがって思考するものがある。」デカルトの議論は結局これに尽きる。しかし、それは実体概念に対する私たちの信念を「アプリオリに真」と見なすことである。――考えられるときに「考える」なにかが存在しなければならないということは、することに対してするものを措定する私たちの文法的習慣を単純に定式化したにすぎない。要するに、ここではすでに、ある論理的形而上学的要請がなされており――単に確認されているというのではない……。デカルトのやり方では、人は絶対に確かななにかに行き当たるのではなく、非常に強固な信念の事実に行き当たるにすぎない。[16]

ニーチェが言うように、デカルトの実際の議論に見いだされるのは、彼が「非常に強固な信念」を持っているという事実であって、「絶対に確かななにかに行き当た」りえたということではない。つまり、第一哲学を構成する諸命題はいずれも「自然の光」によって得られたものであるから、それは第一哲学が基礎づけるべき他の学問とは異なる確実性を持つものばかりである、というのではなく、デカルトは自分の考えの赴くがままに、確かだと思われるさまざまな命題を用いて第一哲学を構成していった。そのような意味で、デカルトの第一哲学は、不動の真理を盤石の礎石の上に積み上げて剛直堅牢な構造物を造った結果ではなく、彼の軽やかな知性が、これは確かであると思うものを自在に取り上げて、旧態依然とした知のあり方に取って代わる新たな知のネットワークの、自信に満ちた提案を行おうとするものであった。

4　懐疑・再考

デカルト哲学のこうした特徴を確認するには、例えば「第一省察」の懐疑のプロセスを見るのがよい。そこには、感覚は私たちを「ときに欺く」[17]とか、「覚醒と睡眠とを区別することのできる確かな印がまったくない」[18]とかいった理由が、「悪い霊が、〔……〕あらゆる策を弄して、私を誤らせようとしている」[19]と考えることが可能であるという理由とともに挙げられる。「欺く霊」（欺く神）の仮定はともかくとして、感覚が私たちをときどき欺くとか、「覚醒と睡眠とを区別することのできる確かな印がまったくない」とかいったことは、私たちが日常経験していること、ないしはそれをもっと徹底させた考え方であって、「我あり」の認識に匹敵するようなものではない。けれども、そうした懐疑の理由が、デカルトの第一哲学においてきわめて重要な役割を果たしていることは、縷説するまでもない。

デカルトの基礎づけ主義的な表面上の学問観とは裏腹に、彼が実際にやったのは、先に述べたように、「彼の軽やかな知性が、これは確かであると思うものを自在に取り上げて、旧態依然とした知のあり方に取って代わる新たな知のネットワークの、自信に満ちた提案を行おうとする」ことであった。このことは、「第六省察」で、右の懐疑が一笑に付されることからもわかる。彼は『省察』本文の最後近くになって、私たちは感覚にときに欺かれることがあるものの、それは特殊な状況に限られていて、身体の状態が健全なときにはまず欺かれることはないと言う。そして、そこからさらに、「もはや私は、日々感覚が私に示すものが偽でありはしないかと恐れる必要はない」[20]と言い、「数日来の誇張された懐疑（hyperbolicae dubitationes）を、笑うべきものとして一蹴しなければならない」[21]として、懐疑そのものの機能を停止する。デカルトにとって、懐疑はもともとどこまでも維持されなければならないような確固不動の変更不可能なプロセスではなく、最後には笑って棄てることのできるものであった。私たちは、デカルトが心と物体の区別をなす際に、その懐疑による全世界の放擲をどれほど重要な基盤としていたかを知っている。だが、その区別の基盤となるものは、そのように、最後には笑って棄ててしまってもよかったものであった。

ということは、デカルトにとっては結局のところ、心としての私の存在と神の存在、そして、新たな自然学が仮説的に想定する物体の存在が確認され、心と物体がまったく別物であることがしっかりと理解されればよかったということなのである。つまり、彼の第一哲学の実相は、確固不動の絶対的真理の確認ではなくて、基礎的な事柄についての新たな提案だったと言わざるをえないのである。

5　明証説・対応説・整合説

本書第4章で、私たちが信じていることがどういう場合に真であるかについて、「対応説」と「整合説」を論じたが、デカルトの場合にはよく真理の「明証説」と言われる。今一度、西田幾多郎の説明を引き合いに出すなら、彼はこの件について、次のように言う。

真理の規準を外界の実在に置こうとする模写説と正反対の立場に立つのが明証説 Evidenztheorie である。明証説は、真理の規準を心のうちに求め、云わば mental eye〈心眼〉に対し、丁度肉眼に対して物が現れるように、直接に且つ clara et distincta〈明晰判明〉に Evidenz〈明証〉をもって現れるものが真理であるとするものである。この立場はデカルトによって始めて明瞭に唱えられ、スピノーザ、ライプニッツと受け継がれたが、カント以後殆んど忘れられていた。しかし近年フッセルの現象学によって復活されてきているのである。[22]

だが、デカルト自身の実際の議論を見ると、彼はさまざまな理由を挙げて、あることの確かさを主張していることがわかる。「私は考える、ゆえに、私はある」について、デカルトは、『省察』の「第二答弁」で、次のように言う。

誰かが「私は考える、ゆえに、私はある、すなわち私は存在する」と言うとき、その人は「自分の〕存在を三段論法〔推論〕によって導き出す〔演繹する〕のではなく、いわば心の単純な直視（intuitus）によって自ずから直知されるものを認知するのです。それは、もし存在を三段論法〔推論〕によって導き出す〔演繹する〕と言うのなら、あらかじめその大前提として、「すべての考えるものは、ある、すなわち存在する」ということを知っていなければならなかったであろうということから、明らかです。しかし、そうではなくて、その人は、自分が存在するのでなければ自分が考えることはありえないということを、自分自身のうちで経験することから、自分の存在を学び知るのです。なぜなら、一般的な命題を特殊なものの認識から形成することが、私たちの心の本性だからです。[23]

このように、デカルトは、「私は存在する」ということは三段論法によって導き出されるのではなくて、私たちは「自分が存在するのでなければ自分が考えることはありえないということを、自分自身のうちで経験することから、自分の存在を学び知る」と言う。つまり、「我あり」は直接的にそれだけで知られるものであるかのように説明している。けれども、実際の彼の議論では、それは三段論法ではないにしても、一連の議論の末に言われることである。つまり、懐疑の過程の中で、彼ははたと気づく。自分は今何をしているのか。すべてを疑い、確かなものはないと考えている。それなら、私がそのように疑い考えている以上、そのように疑い考えている私があること、存在することは、疑いようがないのではないか、と。『省察』では、私が、自分に対して、すべてが疑わしくなにもないと考えるよう説得したとすれば、そのように説得した当の私は確かに存在したのだし、また、狡猾な欺き手がいつも私を欺いているのなら、なおのこと、欺かれている私は確かに存在するのだと言う。

また、『哲学の原理』では、「私たちが疑っている間は私たちが存在していることは疑えない」[24]という言い方をしたり、神も天も物体もないとか、私たちの手も足も身体もないとか想定するのは容易だが、このようなことを考えている私たちが存在しないと想定することはできない、なぜなら、「考えているものが考えているまさにそのときに存在しないというのは矛盾しているからである」[25]と言う。

デカルトは、こうした議論の結果、「我あり」を確信する。例えば『省察』では、「「私はある、私は存在する」（*Ego sum, ego existo*）というこの言明は、私がそれを言い表すたびに、あるいは心がそれを捉えるたびに、必然的に真である」[26]と、デカルトは結論する。

注意すべきは、デカルトが言うように「我あり」は、「私がそれを言い表すたびに、あるいは心がそれを捉えるたびに、必然的に真である」としても、それはそれ自身が主張される文脈を持っていて、私たちはその文脈の中で「我あり」の確かさを認めるという点である。つまり、「我あり」が置かれるべきほかの数々の主張が織りなすネットワークがそこに用意され、そのネットワークの中で、「我あり」が第一原理として位置づけられるのである。つまり、実際に機能しているのは、「我あり」が単独に明証的に認知されるという「明証説」が言うような事態ではなくて、他の多くの事柄との間に明確な整合性が認められるという、「整合説」が言うような事態に近いものだと考えられる。

実際デカルトは、「第六省察」の最後で、誇張された懐疑を停止するにあたり、「整合説」に当たるものを提示する。それは、夢と覚醒時の区別が明確ではないというあの疑いの理由について、改めて見解を示すに際してである。

「第一省察」での主張とは異なり、ここでデカルトは、覚醒と睡眠との間には「きわめて大きな違いがある」[27]と言う。その違いは、覚醒時に現れることは人生の他のさまざまな出来事と整合的につなぎ合わせることが可能であるが、夢についてはそれができないということに求められる。そして、他のものと矛盾するようなことが認められないものについては、それが真であることを疑うべきではないと言う。つまり、信じているほかのこととうまくつじつまが合うかどうか、「整合」的であるかどうかが、真であるための要件と、ここではみなされているのである。

以上のように検討を進めると、デカルトの第一哲学の議論が、超歴史的な、確固不動の真理を一つ一つ獲得していく試みのモデルケースと見る見方に大いなる問題があることがわかるであろう。彼もまた、なにかをそのあるがままに捉えるというのではなく、ある新たな考えをさまざまな理由を挙げつつ提案した人の、一人だったのである。

第7章　カント――見せかけの中立性と知の硬直化

はじめに

カントは『純粋理性批判』（*Kritik der reinen Vernunft*［1781/1787］）の中で、私たちの認識能力が基本的なものの見方・捉え方を備えていると主張した。カントのこの見解は、デカルトのように、この世界が数学で処理できるようなあり方をしていると考えることに基づいている。つまり、この世界は数学的に捉えられるとし、さらに数学は経験によって獲得されたものが持つ偶然性を免れていると思われるところから、数学の持つ必然的性格が説明できるような認識の捉え方が必要であると、カントは考えたのである。そのため彼は、私たちの感覚能力としての感性と、思考能力としての知性に、それぞれ経験から学習したのではないある基本的な、ものの見方・捉え方があるとした。すなわち、空間と時間という直観形式と、一二個の純粋知性概念（カテゴリー）である。

カントはこれらの直観形式と一二個の純粋知性概念が私たち人間の認識能力にはじめからある仕方で組み込まれ、プログラミングされているものとみなした。そして、すべての観念を経験（すなわち感覚と反省）から得るとしたロックを厳しく批判した。

だが、そのカントもまた、デカルトと同じように、自身が強い確信をもって受け入れた科学理論を基盤として、（自然学を支えるはずの）形而上学の予備学となる書物を執筆した。それが『純粋理性批判』である。デカルトが、新たな科学を開拓するための最前線に立ったのに対して、カントは多くの先人が切り開いたものを是認し、それを固定化しようとした。そのため、超越論的原理論に見られる彼の議論は、デカルトの議論とは異なり、はるかに硬直化した印象を与える。

本章では、人間の基本的な認識機能はある特定の物事の捉え方をすでに含んでいると説き、それによって自身が信じる科学理論の固定化を図ろうとした『純粋理性批判』のカントを取り上げ、その議論が実際にどのような方向性を持っていたかを確認する。結局、カントが必然的なものと見た「純粋知性概念」なるものの多くは、ある自然科学の考え方に合うように選ばれたにすぎず、ここでもまた、超歴史的な恒久不変の真理が提示されたわけではないことが確認される。

1　この世界を幾何学的に捉える

カントは幾何学が次のような仕方で成立すると考えた。まず彼は、空間を、私たちの感性に組み込まれたものの見方としての、純粋直観の一つであるとする。つまり、物が空間の中にあるから私たちは物を空間の中に見るのではなくて、私たちが外から刺激を与えられたときに私たちの中に現れる表象（デカルトなら「観念」）を空間の中にあるように見るようになっているから、私たちに現れるものはみな空間の中にあるように見えるのだと言う。つまり、空間の内在化である。

カントは、経験は私たちに必然的なことはなにも教えないと深く信じている。[1]そのため、数学が経験に基づくことはありえない。例えば、「三角形の内角の和は二直角である」という定理は、必然的に成り立つものでなければならない。そこでカントは、さまざまな図形が描かれる空間を、最初から心の中にあるものとした。心の中にある空間に、想像力によって図が描かれる。この図は、心の中に想像力が描いたものだから、経験によるものではないとカントは考える。空間は最初から心の中にあって、そこにさまざまな図を描き、その図をもとにさまざまな真理を導き出すのが幾何学だというのである。彼はそのことを、次のように説明する。

例えば三角形の場合、三角形の概念を私たちは持っている。それはつまり、三角形とは三つの直線で囲まれた平面図形であるということを、私たちは知っているということである。この三角形の概念を、心の中で図にしてみる。つまり、想像力を用いて、心の中で描いてみるのである。これをカントは「構成」（Konstruktion）と言う[2]（Konstruktion［もとのラテン語は constructio］は、もともと「作図」を意味する言葉であるから、「作図」でもいい）。こうして、概念を心の中で図にし、この想像された図を紙に写す。先述のように、もともと心の中に空間があって、その空間の中に想像力でもって図を描いたのだから、カントによれば、この図は、経験によらずに描かれたものである。したがって、それについて知られることは、経験から得たものではなく、それゆえに必然性と普遍性を持っているというのが、カントの考え方である。

「三角形」の概念の場合、概念としては、特定の辺の長さや特定の角の大きさの指定はない。単に、三つの直線で囲まれた平面図形というだけである。しかし、これを図にしようとすると、私たちには、特定の辺の長さ、特定の角の大きさの三角形しか描くことができない。こうして描かれた特定の三角形の図の一辺を伸ばして外角を作り、その外角に、対辺に平行な直線を書き加えると、「錯角は等しい」ということと「同位角は等しい」ということから、三角形の内角の和が二直角であることが証明される。

では、描かれた三角形は辺や角が特定の大きさを持つものなのに、どうしてそれから三角形一般についての定理が証明されるのか。カントによれば、それは、この証明は、三角形の辺の特定の長さや角の特定の大きさに言及せずに行われるからである。つまり、辺の長さや角の大きさがどうであろうと、それとは関係なく証明がなされているので、用いた図形が特定の大きさや形のものであるにもかかわらず、得られた結論にはそのことは反映せず、したがって一般的な結論を私たちは得るのだと言う。

こうして、カントによれば、私たちは心の中にある空間に自分の想像力で作図をすることによって、幾何学（ここではユークリッド幾何学）の真理を、必然性を持つものとして獲得することができるのである。

だが、カントのこの説明では、空間を感性の純粋直観として内在化させること自体は、特段の役割を果たしてはいない。カントの説明は、要するに、概念を図に（カントの言い方では「像」に）するという作業に基づいて結論を出すことにあり、その図が描かれる空間が心の中にあるかどうかは、結論の導出に関わってはいない。重要なのは、描かれた図は特定の辺や角の大きさを持っているが、証明は、その特定の大きさには触れずに（それを度外視して）なされるので、導かれた結論はすべての三角形にあてはまるという点である。したがって、ユークリッド空間を内在化させてそれを固定化する必要は、その限りにおいてはないのである。

もとより、カントが内在化させた空間は、そこにおいて概念を「構成」する場であっただけでなく、物自体からの触発によって心の中に引き起こされる表象の現れるべき場でもあった。このことは、私たちが知っているこの自然になぜユークリッド幾何学が適用されるかを説明するための、カントなりの工夫でもあった。幾何学が成り立つために必要な概念の構成が行われる場が、また私たちにとっての対象が現れる場でもあるのだから、その場で獲得される幾何学的知識がそのままその場に現れる諸対象にも適用されるのは当然だと、カントは考えたかったのである。しかし、ここでもまた、対象が現れる空間を内在化させなければ私たちが考える幾何学がそれに適用できないとする理由はない。空間が経験的に与えられるものであっても、そこに現れる対象に自分たちの幾何学を適用する方途は十分に考えられるからである。したがって、のちの幾何学の展開からすれば、カントが空間を不必要に内在化させることによって、いたずらにユークリッド幾何学を唯一絶対化することになった。

2　純粋知性概念

カントはそれだけでなく、私たちの基本的な物事の捉え方として、一二個のものを挙げる。彼はそれを「純粋知性概念」ないし「カテゴリー」と呼んで、私たちの思考能力としての知性にもともと組み込まれたものとする。カントの掲げるカテゴリー表は、次のとおりである。

1　量のカテゴリー

単一性
数多性
総体性

2　質のカテゴリー
実在性
否定
制限

3　関係のカテゴリー
内属性と自存性（実体と偶有性）
原因性と依存性（原因と結果）
相互性（作用するものと作用を受けるものとの間の相互作用）

4　様相のカテゴリー
可能性――不可能性
現実存在――非存在
必然性――偶然性[3]

カントは、これらのカテゴリーを、伝統的論理学の判断表を手掛かりに導出したかのように言うが、実際に彼が挙げた判断表の項目は、伝統的論理学のさまざまな基本文献と照らし合わせてみると、意図的に選択されていることがわかる。したがって、自身の掲げる判断表から導出したとされる右のカテゴリーも、その意味で、意図的に選ばれたものと言わざるをえない。

諸種の考察から明らかになることだが、カントは実は、自分が必要と考えるカテゴリーに合うように、判断の種類を選んだ節がある。しかも、一二のカテゴリーの全体の四分の三を占める「量のカテゴリー」と「質のカテゴリー」と「関係のカテゴリー」は、明らかに彼が受け入れている自然科学の考え方に沿うように選ばれている。

3　外延量と内包量

アリストテレスに由来する区別の一つに、「広がりの量」(quantitas extensiva) と「強さの量」(quantitas intensiva) がある。[4]「広がりの量」というのは、加えればいくらでも増えていくような量で、長さとか面積とか体積とかのような量のことである。これに対して、同じ白い色でも、真っ白もあれば、多少白い場合や、まったく白くないという場合もある。このような場合の白さの度合いのようなものを、「強さの量」と言う。「強さの量」は、ある観点からして、加えればいくらでも増えていくといったものではない。温度は後者に該当する。温度の場合、同じ温度の水を次々と足していけば、体積は増えるが、温度そのものは増えてはいかない。白さの場合でも、同じ白さをいくら足しても、いっそう白くなるということはない。

こうした「広がりの量」と「強さの量」の区別は、今日の自然科学では「示量的特性」(extensive property) と「示強的特性」(intensive property) の区別として維持され、重視されている。この二つの量ないし特性の区別が自然科学において重要だということは、カントの時代にも知られていた。カントはこの区別を、「広がりの大きさ」(extensive Größe) と「強さの大きさ」(intensive Größe) という言い方で区別した。我が国ではしばしば「外延量」と「内包量」という訳語が用いられているので、ここではそれに従っておく。カントはこの二つの量の区別を重視し、それをカテゴリーの中に組み込んだ。カテゴリーの一つ目のグループは「量のカテゴリー」で、「単一性」(Einheit)、「数多性」(Vielheit)、「総体性」(Allheit) の三つからなる。これらは、一つあること、複数あること、複数あるがみな同じ一つのあり方をしていることを言おうとするもので、それだけではこれが「外延量」の区別であることはわかりづらいかもしれない。いずれにせよカントは、物自体に触発されて私たちの心の中に与えられる表象（直観）が空間の中に現れるとき、それを概念的に捉えるための視点として、「単一性」、「数多性」、「総体性」が機能すると見る。つまり、空間とその中に現れる対象は、外延量を持ち（なぜなら、空間は部分を寄せ集めて無限に増大するものと見られ、つまりは外延量的なあり方をしていると見られるからであるが）、これを扱うためのカテゴリーが「量のカテゴリー」だと言うのである。

これに対して、カントは、私たちに与えられる感覚は、先ほど例に挙げたように、真っ白であったりさまざまな度合いにおいて白かったり、まったく白くなかったりする。真っ白のように、ある性質を完璧に示している場合、それを「実在性」（Realität）と言う。これに対して、ある度合いにおいてある性質を示す場合、それを「制限」（Limitation）と言う。そして、その性質をまったく持たない場合を「否定」（Negation）と言う。つまり、カテゴリーの二つ目のグループである「質のカテゴリー」の「実在性」と「制限」と「否定」は、「内包量」を扱う際に機能するカテゴリーとして挙げられているのである。

このように、カントは「外延量」と「内包量」の区別を重視し、そのため、カテゴリーの四つのグループのうちの二つ、つまり、全カテゴリーの半分を、「外延量」と「内包量」を扱うものとしている。

全カテゴリー一二のうちの半分を今日言うところの「示量的特性」と「示強的特性」の区別に使用するといういささか異常と思われる事態を招いた一つの理由は、カントが自らのカテゴリー選択を、伝統的論理学の判断形式を導きの糸にしたという形にしたためである。実際には彼は伝統的論理学の判断の区分に忠実ではなく、したがって、それとは別の選択基準があったことを私たちに気づかせる。伝統的論理学では、「命題」（propositio）を区分する観点として、「実体」（substantia）の観点とともに「量」（quantitas）の観点と「質」（qualitas）の観点が用いられていた。カントはこのうちの「量」の観点からの命題の区分を、自身の「外延量」に関わるカテゴリーの選択の基盤とする形をとったために、それだけで三つのカテゴリーが選ばれてしまう。つまり、伝統的論理学の「単称」（singularis）、「特称」（particularis）、「全称」（universalis）の区別に対応するものとして、「単一性」のカテゴリー、「数多性」のカテゴリー、「総体性」のカテゴリーを挙げるのである。

また、伝統的論理学の「質」の観点からの区分は、「肯定」（affirmativa）と「否定」（negativa）の二つが基本であったが、カントはこれに「無限」を加えるというかなり強引なやり方をし、これらに対応するものとして、「実在性」、「否定」、「制限」という三つのカテゴリーを挙げる。[5]

こうして、結果的には、全カテゴリーの半分を、今日言うところの「示量的特性」と「示強的特性」の捉え方に関わるカテゴリーとするのであるが、カントがこれを「外延量」、「内包量」として区別するとき、その基になっているのは、ロックの言うあの一次性質と二次性質の区別、すなわち、復活した原子論で採用される基本的な区別の一つであった。

すでにデカルトが、物体について明晰判明に認知できる性質は、形や大きさといった幾何学的に捉えられるものだけであると考えていた。色や味などは、それがそのまま物体の性質であるかどうかは定かではなく、そうしたものをそのまま物体の性質と考えることをデカルトは拒否した。そのため、デカルトは、真空や原子の存在を否定したにもかかわらず、復活した原子論（ないし粒子仮説）に近い物体論を採用しており、粒子仮説を採用する者に多大の影響を与えた。

カントはこのデカルトや粒子論者の区別をよく知っており、彼もまたこの区別を採用した。物自体からの触発によって私たちの心の中に産み出される表象には、形や大きさばかりでなく、色や味や匂い、熱さ・冷たさなども含まれる。しかし、カントは前者を「直観」、後者を「感覚」と呼んで区別する。形や大きさは、彼が心の中に最初からある仕方であるとした空間のあり方であって、先に述べたように、空間についての学である幾何学は、この内在化された空間に図形を描くことによって成り立つ。私たちが知覚する形や大きさは、この心の中の空間のあり方であるから、これは同時に幾何学によって扱えるものだとカントは考える。このように、内在化された空間そのものの性質である形や大きさは、単に私たちが感じているだけの色や味や匂いや熱さ・冷たさとは異なる性格を持つものとして、カントはこれらを特に「直観」と呼ぶ。そして、それを他の「感覚」から区別するとともに、それが幾何学によって扱えることを明言するため、直観はすべからく外延量であるという趣旨の原則を提示する。これに対して、色や味などの「感覚」は、その強度に差異のある性質、すなわち「内包量」として扱われるのである。

このように、カントの「量のカテゴリー」と「質のカテゴリー」の区別と、それへのこだわりは、カントが受け入れた自然科学的見解への強力な確信を反映している。両方のカテゴリーが先に述べた理由で全体の半数を占めるという異常な事態になってはいるものの、かえってそのことは、右の「直観」と「感覚」の区別とともに、「外延量」と「内包量」の区別に対するカントの確信の強さを示している。

4　関係のカテゴリー

「量のカテゴリー」と「質のカテゴリー」がカントの「外延量」と「内包量」の区別へのこだわりを反映し、しかもそれらのカテゴリーの選択根拠を伝統的論理学の判断の区別に求めたために必要以上に多くの割合を占めるものとなっているのに対して、「関係のカテゴリー」は、当時彼が強く支持した自然科学の法則へのこだわりを、きわめて圧縮した形で表現するものとなっている。

内属性と自存性（実体と偶有性）
原因性と依存性（原因と結果）
相互性（作用するものと作用を受けるものとの間の相互作用）

これら三つの関係のカテゴリーは、一見したところでは、それらがそれぞれカントが重視する自然法則に対応し、それらを根拠づけるために選ばれたというふうには必ずしも見えない。しかし、これらのカテゴリーのそれぞれから導かれる原則を見、それらと、彼が別の書（一七八六年の『自然科学の形而上学的基礎』〔*Metaphysische Anfangsgründe der Naturwissenschaft* (1786)〕）で説明した力学の三法則との関係を見れば、右の三つのカテゴリーが力学の三法則へのこだわりから選ばれたものであることは歴然となる。

まずは、「内属性と自存性（実体と偶有性）」であるが、カントはこのカテゴリーから「第一の類推」と呼ばれる次のような原則を導き出す（引用は『純粋理性批判』第二版による）。

> 現象のすべての変化に際して、実体は持続し、その量は自然の中では増えることも減ることもない。[6]

この原則は、実体が持続するとともに、その量は不変であることを言う。ところが、『自然科学の形而上学的基礎』では、「力学の第一法則」がこれとほぼ同じ内容を持つものとして、次のように提示されている。

> 力学の第一法則　物体的自然のすべての変化に際して、物質の量は全体として同一にとどまり、増えることも減ることもない。[7]

これはいわゆる「質量保存の法則」である。異なるのは、「第一の類推」の原則では「実体」が話題となっているのに対して、「力学の第一法則」では「物質」が話題となっている点である。この点について、カントは「力学の第一法則」の「証明」の冒頭で、次のように説明する。

> 一般形而上学を基に、自然のすべての変化に際していずれの実体も生成消滅しないという命題（原理）が基礎に置かれる。ここではただ、物質においては何が実体であるかが明確にされるにすぎない。[8]

要するに、「力学の第一法則」は、『純粋理性批判』で提示された「第一の類推」という原則の変形版にほかならない。

カントの議論の推移からすると、まず、伝統的論理学の判断の区分があり、それからカテゴリーが導き出され、さらに原則が導かれ、それの変形版として力学の法則が導かれるという形になっている。しかし、先に言及したように、カントは伝統的論理学の判断（命題）の区分に必ずしも従ってはいない。そのため、カテゴリーの選択にあたっては、別の動機が働いていることが推測される。そして、カテゴリーから導出されたことになっている原則が力学の法則に対応していることがわかるに至って、私たちは、カントが、自分が受け入れている力学の法則を念頭に置いてカテゴリーを選択したことを知る。

実際、「原因性と依存性（原因と結果）」というカテゴリーから導かれる「第二の類推」という原則は、

　すべての変化は原因と結果の結合の法則に従って生起する。[9]

というもので、それに対応する「力学の第二法則」は、

　力学の第二法則　物質のすべての変化は外的原因を有する。（いずれの物体も、外的原因によってその状態を変えるよう強制されないなら、静止状態もしくは同一方向、同一の速さの運動状態を保

つ）[10]

である。これはいわゆる「慣性の法則」であり、これと「第二の類推」との関係は、「力学の第二法則」の「証明」の冒頭で、次のように説明される。

> 一般形而上学を基に、すべての変化は原因を有するという命題〔原理〕が基礎に置かれる。ここでは、物質について、その変化は常に外的原因を持たなければならないということだけが証明される。[11]

つまり、ここでもまた、「第二の類推」の原則が、物質に適用された形となっている。

「関係のカテゴリー」の三つ目、「相互性（作用するものと作用を受けるものとの間の相互作用）」についても同じである。

このカテゴリーから導かれる原則である「第三の類推」は、次のようなものである。

> すべての実体は、それらが空間のうちで、同時的なものとして知覚されうる限り、一貫して相互作用のうちにある。[12]

そして、これに対応する「力学の第三法則」は、次のとおりである。

力学の第三法則　運動のすべての伝達において、作用と反作用は常に等しい。[13]

これはいわゆる「作用・反作用の法則」である。そして、「第三の類推」と「力学の第三法則」との関係についても、後者の「証明」の冒頭で、カントはこれを、次のように説明している。

〔ここに言う力学の第三法則は〕世界におけるすべての外的作用は相互作用であるという命題〔原理〕を、一般形而上学から借りてこなければならない。ここでは、力学の範囲内に留まるため、この相互作用が同時に反作用であることだけが示されるはずである。[14]

見られるとおり、カントが「関係のカテゴリー」として挙げている三つのカテゴリーは、彼が支持した力学の三法則に対応するものとして選択されている。カントが「関係のカテゴリー」の基盤としたかのように提示する判断の種類の選択には恣意性があり、また選択された三つの判断からそれぞれのカテゴリーを——さらにはそれらに対応する原則を——導き出すとき、彼が強引な議論を行っていることについてはここでは立ち入らない。[15] が、いずれにしても、導き出される「原則」が最終的には彼が確信を持っている力学の三法則に対応することから、むしろ、力学の三法則に対する強い確信が基盤となって、逆方向に彼の思考が働いた——つまり、その三法則に合うようにカテゴリーが選択され、またかなり強引な仕方でそれに合う判断の種類が選ばれたと考えられるのである。

こうした点からして、先の「量のカテゴリー」と「質のカテゴリー」の場合同様、カントのカテゴリー選択が、自身が強く信じる自然科学の区別や法則を念頭に置き、それらに合うように進められたものであることは明らかである。

5　科学の不当な固定化とカント的相対主義

カントが形而上学を準備すべく書き上げた『純粋理性批判』は、このように、きわめて顕著に、自然学（自然科学）的確信をその基盤としたものであった。自然科学の法則は、アプリオリに知られるものではなく、改変の可能性を常に持つ。しかしカントは、法則をアプリオリなものとし、それらは経験から学ぶものではないとした。だが、実際彼が力学の第一法則とした「質量保存の法則」は、今日では法則とは認められていない。また、カントが当然視した（ロックの区別そのものではなく、バークリ流に改変された形での）[16]一次性質と二次性質の区別は、科学史の中では明らかに、ある時代にある理由から導入されたものであって、アプリオリに知られているようなものではない。カントの『純粋理性批判』がその主張とは裏腹に示すこうした性格からして、ある種の恒久不変のものを獲得し、それを固定化・絶対化することをカントから学ぼうとするのは、明らかに間違いであると言わなければならない。カント自身、実際にそのようなことをしていたわけではないからである。

だが、カントは、本当はもっと複雑な立ち位置にいる。彼は一方では、空間と時間という純粋直観、それに、一二個のカテゴリーを、私たちに最初からある仕方で組み込まれている物事の見方・捉え方とし、そこから、経験によらない、必然性を持つ特殊な認識が得られると説いた。ところが、その一方で彼は、そうしたある仕方でもとから感性と知性に組み込まれているとしたものを、発生学的に説明した。

『純粋理性批判』のしばしば見過ごされてしまう言葉の中に、「胚芽」（Keim）と「素質」（Anlage）がある。空間と時間、それに一二個の純粋知性概念は、それがそのまま私たちの認識能力に組み込まれているのではなくて、それらの「胚芽」もしくは「素質」が組み込まれているというのである。この胚芽と素質、つまり、ある外からの刺激があれば全面的に展開していく基ということなのだが、この二つの言葉は、カントが「発生学」の用語として別のところで使用している、れっきとした自然科学の専門用語である。[17]

つまり、そもそも感性に空間と時間が、知性に一二個の純粋知性概念がアプリオリに備わっていると言うとき、カントはそれを発生学的に見ている。私たちにはそうした基になるものが備わっていて、それが経験の刺激を受けて全面的に発現すると彼は言う。ということは、私たち人間の場合には、そういう基になるものがあるということなのだ。

カントはときおり慎重な物言いをする。彼は純粋知性概念についてはそう言わないが、空間が感性に備わっていると言うとき、私たち人間の場合にはそうだという言い方をする。つまり、そういうものが備わっていない生物もありうるというわけである。ということは、空間や時間、純粋知性概念が最初から私たちのうちに備わっていて、それを基に経験を経ずして知られる認識があり、そうした認識は経験によらないので必然的性格を持つ、といくらカントが頑張っても、それは人間という種についての「事実」を述べたにすぎず、別の生物の場合にはそういう備えとは別の備えがありえ、したがって別のことを真であるとしてもいいことになる。つまり、カントは、ここでも、発生学という自然科学に依拠した物言いをすることによって、彼自身がその必然性を守ろうとしたものが持つはずの必然的という性格を、極端に弱めることになる。つまり、彼はそうすることによって、相対主義の可能性を導き入れているのである。自分たちにとってはこれが必然的だが、他の生物にとっては別のものが必然的かもしれないというのは、相対主義以外のなにものでもない。[18]

このように、カントは、一方では、自分が強く信じている自然科学の区別や法則を、変更不可能な絶対的なものとして固定化しようとする一方で、純粋直観や純粋知性概念の由来を発生学的視点から語ることによって、すべてを相対化しかねない立場を表明する。そして、それは同時に、カントにおいてもまた自然科学が形而上学よりも優位に立っており、形而上学は自然科学の成果を基盤として成り立つという、見かけとは真逆の事態がカントの中で進行していることを、私たちに知らせる。

自然科学が歴史の中でその主張を変更していくことは、今更言うまでもない。とすると、私たちはそうした自然科学を基盤としているにもかかわらず、自然科学を基礎づけるかのようなふりをしているカントの姿勢に追随する必要はなく、もし第一哲学というものがありうるとしても、それはカントが表面上そうあるべしと主張しているような、恒久不変の絶対的知識からなる構造物である必要はない。カント自身がそうしたように、歴史の中で変化していく知の一つのあり方としてそれが営まれるのが、むしろ健全なのである。

終　章　詩としての哲学——桎梏からの解放

1　軽やかな知性としての想像力

外に厳然と定まったものがあるという主張も、内に従わなければならないものがあるという主張も、結局は、人には桎梏が必要だという主張のようである。社会生活においてはさまざまなルールがあり、それを守らなければならないというのと、そもそも人間には従わなければならないものがあるというのは別である。ルールがよくないなら変えればいいが、人間には改変不能な定まったものがあり、人間はひたすらそれに従わなければならないというのが本当なら、そうしたものは、文字通り、改変不能な縛りである。だが、いかなる根拠をもって、そのようなものがあると人は言うのか。

第Ⅱ部と第Ⅲ部のこれまでの部分で、私は四つの観点から、「詩としての哲学」を擁護するための議論を行った。そもそも、私たちの意思とは関わりなく定まったものがあると言っても、それがどういうものであるかを言おうとすれば、私たちは自分の考えを言うしかない。また、ある種の絶対主義的な考え方を提示したデカルトもカントも、結局は、科学の試みとしての仮説に依拠して論を立てていた。仮説はそれ自体、ある問題に対処するため、人間が自らの想像力によって生み出すものであって、そもそも都合が悪ければ取り替えることのできるものの典型であった。そうした点を勘案するなら、西洋思想の中でこれまで提示されてきた私たちを縛るものは、けっしてそれ自体で定まっていることが保証されているようなものではない。むしろそれは、誰かの考えにすぎないものなのだ。私たちに必要なのは、そのような縛りではない。難局を切り抜けるための知恵を生み出す、軽やかな知性としての想像力である。ローティ流の「詩としての哲学」は、まさにそのための哲学である。

2　人を不幸にする思想はいらない

そもそも人は、縛らなければとんでもないことをする存在なのか。そうではない。ほとんどの場合、人は穏やかに、知恵を出し合ってともに生きることのできる存在である。なぜ縛ろうとする人々がいるのか。それは要するに、人を信頼できないからである。人を信頼しない人に人を導けるはずがない。だが、互いに信頼できる状況を作るには、それなりの知恵がいる。必要なのは、信頼に向けての知恵である。

ローティ流の「詩としての哲学」は、こうした信頼への哲学でもある。したがって、それがよって立つのは、孤高の人として立つべき山の頂ではなくて、ともに生きる意志である。本書では立ち入らないが、ローティが民主主義を、それがどれほど腐っていても擁護する理由はそこにある。

近代イングランドのロマン主義の精神が、大西洋を渡ってアメリカのエマソンに受け継がれ、それがもう一度大西洋を渡ってニーチェに受け継がれた。そしてそのニーチェのそれを含む広範な思想を、再度アメリカのローティが「詩としての哲学」の思想に仕立て上げた。人間を信頼せず人間に桎梏を与えようとする思想。そんな思想によって、人が不幸になることなど、あってはならない。軽やかな知性をどのようにして回復するか。ささやかなりともそこに希望が見いだせるのなら、それこそが思想の試金石である。

3　新しい物語のテーマ

最後に、一つ、ローティの言葉を引いて、本書を終えることにする。

彼は、「プラグマティズムとロマン主義」の末尾近くで、ニーチェに言及しながら、次のように言う。

> ニーチェはよりよい詩を書いたと私は確信している。私の理解するところでは、ロマン主義運動はギリシャの哲学者たちが語った話をよりよい話に置き換える試みの始まりであった。人間がなぜか疎遠になっていたなにか——それ自身は人間が創造したものではなく、人間が創造したものすべてを超え、それらと対立するなにか——にどのようにしてもう一度触れられるようになるかということが、古い物語のテーマであった。人間はよりよい人間の未来を創造するため、どのようにして過去を乗り越えようと絶えず努力するか。これが、新しい物語のテーマである。[1]

よりよい未来。その希望を支えてこそ、哲学の意義があると、私は思う。

注

[第1章]

1 William Wordsworth, *The Prelude, or Growth of a Poet's Mind: An Autobiographical Poem* (London: Edward Moxon, 1850), Book XIV, p. 361.

2 Samuel Taylor Coleridge, *Biographia Literaria; or Biographical Sketches of My Literary Life and Opinions,* 2 vols. (London: Rest Fenner, 1817), i. Chapter XIII, pp. 295–296.

3 Ibid., ii. Chapter XIV, p. 11.

4 Ibid., i. Chapter X, p. 157.

5 Ibid., i. Chapter XIII, p. 285 and p. 294.

6 Percy Bysshe Shelley, 'A Defence of Poetry', in idem, *Essays, Letters from Abroad, Translations and Fragments,* ed. Mrs. Shelley, 2 vols. (London: Edward Moxon, 1840), i. p. 1.

7 Ibid., p. 47.

8 Ibid., p. 2.

9 Ibid., p. 17.

10 Ibid., p. 57.

11 *Le livre des vingt-quatre philosophes,* ed. Françoise Hudry (Histoire des doctrines de l'antiquité classique, 39; Paris: J. Vrin, 2009), p. 152.

12 Nicolaus de Cusa, *Opera omnia,* i. *De docta ignorantia,* ed. Ernestus Hoffmann and Raymundus Klibansky (Lipsia [Leipzig]: Felix Meiner, 1932), Liber secundus, Capitulum XII, pp. 103–104.

13 Ibid., p. 109.

14 Ibid., Liber tertius, Capitulum VIII, p. 145.

15 Ralph Waldo Emerson, 'Circles', in *The Works of Ralph Waldo Emerson*, Fireside Edition, ii. Essays First Series (Boston and New York, 1909), pp. 279–300 at pp. 283–285.

16 Richard Rorty, 'Pragmatism and Romanticism', in idem, *Philosophy as Cultural Politics: Philosophical Papers, Volume 4* (Cambridge: Cambridge University Press, 2007), pp. 105–119 at p. 109.（邦訳リチャード・ローティ「プラグマティズムとロマン主義」、リチャード・ローティ『ローティ論集――「紫の言葉たち」／今問われるアメリカの知性』、冨田恭彦編訳［勁草書房、二〇一八年］一七六ページ。）

17 Ibid., pp. 109–110.（『ローティ論集』一七七ページ。）

18 ローティの「ペイジ・バーバー講義」は、バージニア大学のサイトでは「理性に対する想像力の優位」と説明されており、また彼の死後バージニア大学出版局から出版された同講義の表題は、「詩としての哲学」となっている。後者については、Richard Rorty, *Philosophy as Poetry* (Charlottesville and London: University of Virginia Press, 2016）を参照されたい。

［第2章］

1 これらの言葉は、ローティの「プラグマティズムとロマン主義」の冒頭に現れる。彼は次のように言う。「プラグマティズムの核心をなすのは、真理の対応説と、真なる信念は実在の正確な表象〔写し〕であるという考えを受け入れるのを、拒否することである。ロマン主義の核心をなすのは、想像力は理性よりも優位に立つというテーゼ――理性にできるのは、想像力が切り開いた道をたどることだけであるという主張――である。これら二つの運動は、いずれも、人間がしっかりと捉えなければならない人間ならざるなにかがそこにあるという考えに対するリアクションである。ジェイムズとデューイはハイデッガーが「西洋の存在神学的伝統」と呼んだものを拒否したが、この論文で私は、彼らのその拒否と、詩は「知識の中心であるとともに外周である」というシェリーの主張との間にあるつながりをたどりたいと思う。」(Richard Rorty, 'Pragmatism and Romanticism', in idem, *Philosophy as*

Cultural Politics: Philosophical Papers, Volume 4 [Cambridge: Cambridge University Press, 2007], pp. 105–119 at p. 105. 邦訳リチャード・ローティ「プラグマティズムとロマン主義」、リチャード・ローティ『ローティ論集——「紫の言葉たち」／今問われるアメリカの知性』、冨田恭彦編訳［勁草書房、二〇一八年］一七〇ページ。）ここに見られる言葉は、晩年のローティがそれまでの彼の思想の歩みを振り返ったときに見える眺望を、明確に示している。

2 この件については、本書第4章で立ち入って論じる。

3 これについては、Richard Rorty, 'Intellectual Autobiography', in Randall E. Auxier and Lewis Edwin Hahn (eds.), *The Philosophy of Richard Rorty* (The Library of Living Philosophers, 32; Chicago and La Salle, Ill.: Open Court, 2010), pp. 1–24 at pp. 4–5（『ローティ論集』第7章「知的自伝」二〇六〜二〇七ページ）を参照されたい。

4 Rorty, 'Intellectual Autobiography', pp. 5–11（『ローティ論集』二〇七〜二一五ページ）参照。

5 いくつか例を挙げれば、次のような文献がある。Hermann Hummel, 'Emerson and Nietzsche', *The New England Quarterly*, 19 (1946), pp. 63–84. Eduard Baumgarten, 'Mitteilungen und Bemerkungen über den Einfluß Emersons auf Nietzsche', *Jahrbuch für Amerikastudien*, 1 (1956), pp. 93–152. George J. Stack, *Nietzsche and Emerson: An Elective Affinity* (Athens: Ohio University Press, 1992). Graham Parkes, *Composing the Soul: Reaches of Nietzsche's Psychology* (Chicago and London: The University of Chicago Press, 1994). David Mikics, *The Romance of Individualism in Emerson and Nietzsche* (Athens: Ohio University Press, 2003). Thomas H. Brobjer, *Nietzsche's Philosophical Context: An Intellectual Biography* (Urbana and Chicago: University of Illinois Press, 2008), pp. 22–25. Dennis Sölch, 'Produktives Denken—Das große Sprachspiel bei Emerson und Nietzsche', in Volker Caysa and Konstanze Schwarzwald (eds.), *Nietzsche—Macht—Größe: Nietzsche—Philosoph der Größe der Macht oder der Macht der Größe* (Berlin and Boston: Walter de Gruyter, 2012), pp. 421–439. Jennifer Ratner-Rosenhagen, *American Nietzsche: A History of an Icon and His Ideas* (Chicago and London: The University of Chicago Press, 2012). Benedetta Zavatta, 'Historical Sense as Vice and Virtue in Nietzsche's Reading of Emerson', *The Journal of*

Nietzsche Studies, 44 (2013), pp. 372–397. Mason Golden, 'Emerson-Exemplar: Friedrich Nietzsche's Emerson Marginalia: Introduction', *The Journal of Nietzsche Studies*, 44 (2013), pp. 398–408. Friedrich Nietzsche and Mason Golden, 'Emerson-Exemplar (Autumn 1881) (*KSA* 9:13[1–22] and *KSA* 9:17[1–39]): Translation and Excerpts', *The Journal of Nietzsche Studies*, 44 (2013), pp. 409–431. Benedetta Zavatta, *Individuality and Beyond: Nietzsche Reads Emerson*, trans. Alexander Reynolds (New York: Oxford University Press, 2019).

6 Hummel, 'Emerson and Nietzsche', p. 63.

7 Friedrich Nietzsche, *Nachgelassene Fragmente 1880–1882*, KSA (Kritische Studienausgabe), ed. Giorgio Colli and Mazzino Montinari (München: Deutscher Taschenbuch Verlag; Berlin and New York: Walter de Gruyter, 1988), ix. Herbst 1881, 12 [68], p. 588.

8 Richard Oehler and Carl Albrecht Bernoulli (eds.), *Friedrich Nietzsches Briefwechsel mit Franz Overbeck* (Leipzig: Insel, 1916), [195. Nietzsche an Overbeck], p. 239.

9 Ibid., [203. Nietzsche an Overbeck], p. 252.

10 Friedrich Nietzsche, *Die fröhliche Wissenschaft* (Chemnitz: Verlag von Ernst Schmeitzner, 1882).

11 Friedrich Nietzsche, *Die fröhliche Wissenschaft*, KSA, iii. pp. 343–651 at p. 343. ニーチェはここで、エマソンを次のような形で引用している。„Dem Dichter und Weisen sind alle Dinge befreundet und geweiht, alle Erlebnisse nützlich, alle Tage heilig, alle Menschen gôttlich.“ *Emerson*. エマソンのもとの言葉は、Ralph Waldo Emerson, 'History', in idem, *Essays: First Series* (1841) に見られるもので、To the poet, to the philosopher, to the saint, all things are friendly and sacred, all events profitable, all days holy, all men divine. となっている (Ralph Waldo Emerson, 'History', in *The Works of Ralph Waldo Emerson*, Fireside Edition, ii. Essays: First Series [Boston and New York, 1909], pp. 7–43 at p. 17)。ニーチェが使用していたドイツ語訳は Ralph Waldo Emerson, 'Geschichte', in idem, *Versuche (Essays)*, aus dem Englischen von G. Fabricius (Hannover: Carl Meyer, 1858), pp. 1–31 で、該当する箇所は次のように訳されている。Dem Poeten, dem Philosophen wie dem Heiligen sind alle Dinge befreundet und geweiht, alle

Ereignisse nützlich, alle Tage heilig, alle Menschen göttlich. (Ibid., p. 9.) なお、ニーチェが所有していたこのドイツ語版の扉の写真を、Baumgarten, 'Mitteilungen und Bemerkungen über den Einfluß Emersons auf Nietzsche', pp. 104–105 の間に挿入された Tafel 1 として見ることができる。

12 Nietzsche, *Die fröhliche Wissenschaft*, KSA, iii. Zweites Buch, § 92, p. 448.

13 Friedrich Nietzsche, *Die fröhliche Wissenschaft ("la gaya scienza")*, Neue Ausgabe (Leipzig: Verlag von E. W. Fritzsch, 1887).

14 Ralph Waldo Emerson, *The Journals and Miscellaneous Notebooks of Ralph Waldo Emerson*, viii. 1841–1843, ed. William H. Gilman and J. E. Parsons (Cambridge, Mass.: Harvard University Press, 1970), p. 8.

15 この件については、Gay Wilson Allen, *Waldo Emerson: A Biography* (New York: The Viking Press, 1981), p. 469 および Emerson, *The Journals and Miscellaneous Notebooks of Ralph Waldo Emerson*, viii. 1841–1843, pp. 8–9, note 16 を参照されたい。

16 Ralph Waldo Emerson, 'The Scholar', in *The Works of Ralph Waldo Emerson*, Fireside Edition, x. Lectures and Biographical Sketches, pp. 247–274 at p. 250.

17 Allen, *Waldo Emerson*, p. 469 参照。

18 Nietzsche, *Die fröhliche Wissenschaft*, KSA, iii. Drittes Buch, § 108, p. 467.

19 Ibid., Drittes Buch, § 125, p. 481.

20 Ibid., Fünftes Buch, § 343, p. 573. この節には、「「古い神は死んだ」ということ」(dass der „alte Gott todt" ist) という言葉も見られる (Ibid., p. 574)。

21 Friedrich Nietzsche, *Also sprach Zarathustra*, KSA, iv. Zarathustra's Vorrede, § 2, p. 14.

22 Ibid., Von der schenkenden Tugend, § 3, p. 102.

23 Ralph Waldo Emerson, 'An Address Delivered before the Senior Class in Divinity College, Cambridge, Sunday Evening, July 15, 1838', in *The Works of Ralph Waldo Emerson*, Fireside Edition, i. Nature, Addresses, and Lectures,

pp. 117–148 at p. 132.

24 Friedrich Nietzsche, *Götzen-Dämmerung*, KSA, vi. Streifzüge eines Unzeitgemässen, § 13, p. 120.

25 Friedrich Nietzsche, 'Meine literarische Thätigkeit, sodann meine musikalische. 1862', in idem, *Jugendschriften 1861–1864*, ed. Hans Joachim Mette (BAW, 2; München: Deutscher Taschenbuch Verlag, 1994), p. 100.

26 Friedrich Nietzsche, 'Für die Ferien', in idem, *Jugendschriften 1861–1864*, pp. 221–222 at p. 221.

27 Friedrich Nietzsche, 'Meine musikalische Thätigkeit im Jahre 1863', in idem, *Jugendschriften 1861–1864*, pp. 333–334 at p. 334.

28 Friedrich Nietzsche, 'Fatum und Geschichte', in idem, *Jugendschriften 1861–1864*, pp. 54–59.

29 Friedrich Nietzsche, 'Willensfreiheit und Fatum', in idem, *Jugendschriften 1861–1864*, pp. 60–62.

30 Ralph Waldo Emerson, 'Fate', in *The Works of Ralph Waldo Emerson*, Fireside Edition, vi. The Conduct of Life, pp. 7–52.

31 Nietzsche, 'Fatum und Geschichte', pp. 57–58. なお、こうした考えが、のちにニーチェが繰り返し言及する「遠近法主義」的な見方と呼応していることに、私たちは注意を払わなければならない。

32 Emerson, 'Fate', p. 15.

33 Ibid., p. 24.

34 Ibid., p. 26.

35 Ibid., p. 27. なお、ここに言う「知性」(intellect) が、定まったものを捉えようとするような知性ではないことは、言うまでもない。

36 Ibid., p. 29.

37 Ibid., pp. 29–30.

38 Ibid., p. 30.

39 Ibid., pp. 33–34.

40 Ibid., p. 34.

41 Ibid.

42 Nietzsche, 'Fatum und Geschichte', p. 54.

43 Ibid., p. 57.

44 Ibid., p. 59.

45 エマソンの『人生の生き方』（*The Conduct of Life*）の第二論文「力」（Power）には、また、次のような言葉も見いだされる。「人生は力の追求であり（Life is a search after power）、これこそが世界に満ちている元素である。」（Ralph Waldo Emerson, 'Power', in *The Works of Ralph Waldo Emerson*, Fireside Edition, vi. The Conduct of Life, pp. 53–81 at p. 55.）こうしたエマソンの思想とニーチェの力の思想との関係に、私たちは十分な注意を払う必要がある。

46 Friedrich Nietzsche, *Jenseits von Gut und Böse: Vorspiel einer Philosophie der Zukunft*, KSA, v. Vorrede, p. 11.

47 Ibid., Vorrede, p. 12.

48 Ibid.

49 Ibid.

50 ニーチェが用いるPerspektiveはしばしば「遠近法」と訳されているが、これはそれぞれが持つ「ものの見方」のことである。ここではdas Perspektivischeを、その意味がより明確になるように、単に「それぞれの視点から見ること」と訳しておく。但し、以下では冗長な訳語を避けるため、perspektivischを「遠近法的」、Perspektivismusを「遠近法主義」と訳すこととする。

51 Nietzsche, *Jenseits von Gut und Böse*, Vorrede, p. 12.

52 Ibid., Erstes Hauptstück, § 2, p. 16.

53 Ibid.

54 Ibid.

55 Ibid.

56 Ibid., pp. 16–17.

57 Ibid., Erstes Hauptstück, § 3, p. 17.

58 Ibid.

59 Ibid.

60 Ibid.

61 Ibid., pp. 17–18.

62 Ibid., p. 17.

63 Ibid., Erstes Hauptstück, § 4, p. 18.

64 Ibid., Erstes Hauptstück, § 5, pp. 18–19.

65 Ibid., p. 19.

66 Ibid., Erstes Hauptstück, § 7, p. 21.

67 Ibid., Erstes Hauptstück, § 9, p. 21.

68 Ibid., p. 22.

69 Ibid.

70 Ibid., Erstes Hauptstück, § 13, p. 27.

71 Ibid.

72 Ibid., Erstes Hauptstück, § 14, p. 28.

73 Friedrich Nietzsche, *Kommentar zu den Bänden 1–13*, KSA, xiv. Kommentar zu Band 6, Der Antichrist, p. 439.

74 Ibid.

75 Friedrich Nietzsche, *Nachgelassene Fragmente 1885–1887*, KSA, xii. Herbst 1885–Herbst 1886, 2 [155], p. 142; idem, *Der Wille zur Macht: Versuch einer Umwertung aller Werte*, ed. Peter Gast and Elisabeth Förster-Nietzsche

(Kröners Taschenausgabe, 78; Stuttgart: Alfred Kröner Verlag, 1996), § 470, p. 330.

76 Ibid., Herbst 1885–Herbst 1886, 2 [132], p. 133; Nietzsche, *Der Wille zur Macht*, § 471, pp. 330–331.

77 Ibid., Sommer 1886–Herbst 1887, 5 [11], p. 188; Nietzsche, *Der Wille zur Macht*, § 473, p. 331.

78 Friedrich Nietzsche, *Nachgelassene Fragmente 1887–1889*, KSA, xiii. November 1887–März 1888, 11 [113], p. 53; Nietzsche, *Der Wille zur Macht*, § 477, p. 332.

79 Nietzsche, *Nachgelassene Fragmente 1885–1887*, Ende 1886–Frühjahr 1887, 7 [60], p. 315; Nietzsche, *Der Wille zur Macht*, § 481, p. 337.

[第3章]

1 Richard Rorty, 'Philosophy as Science, as Metaphor, and as Politics', in idem, *Essays on Heidegger and Others: Philosophical Papers, Volume 2* (Cambridge: Cambridge University Press, 1991), pp. 9–26.（邦訳リチャード・ローティ「科学としての哲学・メタファーとしての哲学・政治としての哲学」、冨田恭彦訳、『思想』第一一〇六号、二〇一六年、五一〜八一ページ所収。）

2 これについては、Richard Rorty, 'Wittgenstein, Heidegger, and the Reification of Language', in idem, *Essays on Heidegger and Others*, pp. 50–65（邦訳リチャード・ローティ「ヴィトゲンシュタイン・ハイデッガー・言語の物象化」、リチャード・ローティ『ローティ論集――「紫の言葉たち」／今問われるアメリカの知性』、冨田恭彦編訳［勁草書房、二〇一八年］一〜五五ページ所収）を参照。

3 Franz Brentano, *Von der mannigfachen Bedeutung des Seienden nach Aristoteles* (Freiburg im Breisgau: Herder, 1862).

4 Martin Heidegger, 'Seminar in Le Thor 1969', in idem, *Seminare* (Gesamtausgabe, 15; Frankfurt am Main: Vittorio Klostermann, 1986), pp. 326–371 at p. 345.

5 Edmund Husserl, 'Phänomenologie und Anthropologie', *Philosophy and Phenomenological Research: A Quarterly*

Journal, 2, no. 1 (1941), pp. 1–14 at p. 1.

6 Martin Heidegger, *Nietzsche II* (Pfullingen: Neske, 1961), p. 37; idem, *Nietzsche II* (Gesamtausgabe, 6.2; Frankfurt am Main: Vittorio Klostermann, 1997), p. 28.

7 Martin Heidegger, *Hölderlins Hymnen »Germanien« und »Der Rhein«* (Gesamtausgabe, 39; Frankfurt am Main: Vittorio Klostermann, 1980).

8 Martin Heidegger, 'Hölderlin und das Wesen der Dichtung', in idem, *Erläuterungen zu Hölderlins Dichtung* (Gesamtausgabe, 4; Frankfurt am Main: Vittorio Klostermann, 1981), pp. 33–48 at p. 41.

9 Ibid., p. 43.

10 Martin Heidegger, *Beiträge zur Philosophie* (Gesamtausgabe, 65; Frankfurt am Main: Vittorio Klostermann, 1989), § 4, p. 11.

11 Martin Heidegger, 'Brief über den »Humanismus«', in idem, *Wegmarken* (Gesamtausgabe, 9; Frankfurt am Main: Vittorio Klostermann, 1976), pp. 313–364 at p. 313.

12 Martin Heidegger, 'Nachwort zu: »Was ist Metaphysik?«', in idem, *Wegmarken*, pp. 303–312 at pp. 311–312. この隔たりについて、彼は続けて次のように言う。「思索者は存在を語る（Der Denker sagt das Sein）。詩人は聖なるものを命名する（Der Dichter nennt das Heilige）。」(Ibid., p. 312.)

13 Martin Heidegger, 'Aus einem Gespräch von der Sprache: Zwischen einem Japaner und einem Fragenden', in idem, *Unterwegs zur Sprache* (Stuttgart: Klett-Cotta, 1959), pp. 83–155.

14 Martin Heidegger, *Sein und Zeit* (19th edn., Tübingen: Max Niemeyer, 2006), § 17, p. 77.

15 Ibid., § 17, p. 82.

16 Heidegger, 'Aus einem Gespräch von der Sprache', p. 114.

17 Ibid., p. 117.

18 Ibid.

19 Ibid., p. 119.

20 Heidegger, *Hölderlins Hymnen »Germanien« und »Der Rhein«*, p. 32 参照。

21 Ibid., pp. 127–128.

22 Martin Heidegger, *Nietzsche I, Nietzsche II* (Pfullingen: Neske, 1961); idem, *Nietzsche I* (Gesamtausgabe, 6.1; Frankfurt am Main: Vittorio Klostermann, 1996), idem, *Nietzsche II* (Gesamtausgabe, 6.2; Frankfurt am Main: Vittorio Klostermann, 1997).

23 Heidegger, *Nietzsche I* (Pfullingen: Neske, 1961), p. 480; idem, *Nietzsche I* (Gesamtausgabe, 6.1), p. 431.

24 Friedrich Nietzsche, *Also sprach Zarathustra: Ein Buch für Alle und Keinen*, Band 1 (Chemnitz: Ernst Schmeitzner, 1883), Von tausend und Einem Ziele, p. 80; ibid., Band 2 (1883), Von der Selbst-Ueberwindung, p. 47 ff.

25 Friedrich Nietzsche, *Jenseits von Gut und Böse: Vorspiel einer Philosophie der Zukunft* (Leipzig: C. G. Naumann, 1886), Erstes Hauptstück: Von den Vorurtheilen der Philosophen, § 9, p. 11; § 13, p. 17; § 22, p. 29; § 23, p. 29; Zweites Hauptstück: Der freie Geist, § 36, p. 52; Drittes Hauptstück: Das religiöse Wesen, § 51, p. 70; Fünftes Hauptstück: Zur Naturgeschichte der Moral, § 186, p. 107; § 198, p. 120; Siebentes Hauptstück: Unsere Tugenden, § 227, p. 174; Neuntes Hauptstück: Was ist vornehm?, § 259, p. 230.

26 Friedrich Nietzsche, *Die fröhliche Wissenschaft* (2nd edn., Leipzig: E. W. Fritzsch, 1887), Fünftes Buch: Wir Furchtlosen, § 349: Noch einmal die Herkunft der Gelehrten, p. 274.

27 Martin Heidegger, 'Der Spruch des Anaximander', in idem, *Holzwege* (Gesamtausgabe, 5; Frankfurt am Main: Vittorio Klostermann, 1977), pp. 321–373 at p. 321.

28 Heidegger, *Beiträge zur Philosophie*, § 5, p. 11.

29 Martin Heidegger, '«...dichterisch wohnet der Mensch...»', in idem, *Vorträge und Aufsätze* (Stuttgart: Klett-Cotta, 1954), pp. 181–198 at p. 184.

30 Rorty, 'Wittgenstein, Heidegger, and the Reification of Language', pp. 64–65. （邦訳ローティ「ヴィトゲンシュタイ

ン・ハイデッガー・言語の物象化」三三ページ。）

［第4章］

1 Aristotle, *The Metaphysics*, trans. Hugh Tredennick (The Loeb Classical Library, 271; Cambridge, Mass.: Harvard University Press, 1933), 1011b27, p. 201.

2 Ibid., 1051b7, pp. 469–471.

3 Thomas Aquinas, *Summa theologiae*, in idem, *Opera omnia*, Tomus quartus: Pars prima Summae theologiae, a Quaestione I ad Quaestionem XLIX (Roma: Typographia Polyglotta, 1888), Quaestio XVI, Articulus I: De veritate, p. 207.

4 この件については、また、Yasuhiko Tomida, 'Davidson-Rorty Antirepresentationalism and the Logic of the Modern Theory of Ideas', in Randall E. Auxier and Lewis Edwin Hahn (eds.), *The Philosophy of Richard Rorty* (The Library of Living Philosophers, 32; Chicago and La Salle, Ill.: Open Court, 2010), pp. 293–309 at p. 293を参照されたい。

5 Immanuel Kant, *Kritik der reinen Vernunft*, ed. Jens Timmermann (Philosophische Bibliothek, 505; Hamburg: Felix Meiner, 1998), A 58/ B 82, p. 136.

6 西田幾多郎『哲學概論』（岩波書店、一九五三年）六〇～六一ページ。引用文の漢字と仮名遣いは、現代のそれに変更した。

7 同書六一ページ。

8 同書同ページ。

9 Donald Davidson, 'A Coherence Theory of Truth and Knowledge', in Ernest LePore (ed.), *Truth and Interpretation: Perspectives on the Philosophy of Donald Davidson* (Oxford and New York: Basil Blackwell, 1986), pp. 307–319 at p. 307; Donald Davidson, 'A Coherence Theory of Truth and Knowledge', in idem, *Subjective, Intersubjective, Objective* (Oxford: Oxford University Press, 2001), pp. 137–157 at p. 137参照。

10 Willard Van Orman Quine, *Word and Object* (Cambridge, Mass.: The MIT Press, 1960), p. 35 ff. 参照。

11 Ibid., p. 29 参照。

12 Ibid., pp. 29–30.

13 この「好意の原理」については、冨田恭彦『アメリカ言語哲学入門』（ちくま学芸文庫、二〇〇七年）一〇八ページ以下を、あわせて参照されたい。

14 Donald Davidson, 'On the Very Idea of a Conceptual Scheme', in idem, *Inquiries into Truth and Interpretation* (2nd edn., Oxford: Oxford University Press, 2001), pp. 183–198 at p. 197.

15 デイヴィドソンはこの件について、次のように言う。「もし言語というものが、多くの哲学者や言語学者が想定してきたようなものだとすれば、そんな言語は存在しない。〔……〕言語使用者が〔まず〕身につけ、〔そしてそれを〕個々の事例に適用すべき、なんらかの明確に定義される共有された構造があると考えるのを、私たちはやめなければならない。」(Donald Davidson, 'A Nice Derangement of Epitaphs', in LePore [ed.], *Truth and Interpretation*, pp. 433–446 at p. 446.)

16 デイヴィドソンのメタファー論については、冨田『アメリカ言語哲学入門』一二一ページ以下を参照されたい。

17 Richard Rorty, 'Philosophy as Science, as Metaphor, and as Politics', in idem, *Essays on Heidegger and Others: Philosophical Papers, Volume 2* (Cambridge: Cambridge University Press, 1991), pp. 9–26 at p. 12 ff.（邦訳リチャード・ローティ「科学としての哲学・メタファーとしての哲学・政治としての哲学」、冨田恭彦訳、『思想』第一一〇六号、二〇一六年、五八ページ以下）参照。

[第5章]

1 これについては、G. A. J. Rogers, 'Boyle, Locke, and Reason', *Journal of the History of Ideas*, 27 (1966), pp. 205–216 at pp. 214–215; Margaret J. Osler, 'John Locke and the Changing Ideal of Scientific Knowledge', *Journal of the History of Ideas*, 31 (1970), pp. 3–16 を参照されたい。

2　「感覚与件」（sense-datum, sense datum）という言葉については、冨田恭彦『ローティ——連帯と自己超克の思想』（筑摩選書、二〇一六年）七〇〜七二ページをあわせて参照されたい。

3　モリニューについては、冨田恭彦『ロック入門講義——イギリス経験論の原点』（ちくま学芸文庫、二〇一七年）二五二ページ以下をあわせて参照されたい。

4　ロックは、『人間知性論』の刊行に先立ち、一六八八年の春、『ビブリオテック・ユニヴェルセル・エ・イストリック』誌第八巻に、『人間知性論』のフランス語の要約を掲載した（'*Extrait d'un Livre Anglois qui n'est pas encore publié, intitulé* ESSAI PHILOSOPHIQUE *concernant* L'ENTENDEMENT, *où l'on montre quelle est l'étenduë de nos connoissances certaines, & la maniere dont nous y parvenons.* Communiqué par Monsieur LOCKE', *Bibliothèque universelle et historique*, Tome huitième [Amsterdam, 1688], pp. 49–142）。これはロックが英語で準備し、同誌の編集刊行者である友人のジャン・ル・クレール（Jean Le Clerc, 1657–1736）がフランス語訳したもので、この要約は、英語を読まない人々にとっては、『人間知性論』のフランス語訳やラテン語訳が出版されるまで、『人間知性論』の内容を知る上で重要な役割を果たした。

5　John Locke, *An Essay Concerning Human Understanding*, ed. Peter H. Nidditch (Oxford: Oxford University Press, 1975), II. ix. 8, pp. 145–146.

6　Ibid., II. ix. 8, p. 145.

7　Ibid., II. ix. 9, p. 146.

8　William Chesselden, 'An Account of some Observations made by a young Gentleman, who was born blind, or lost his Sight so early, that he had no Remembrance of ever having seen, and was couch'd between 13 and 14 Years of Age', *Philosophical Transactions*, 35, no. 402 (1728), pp. 447–450 at p. 448.

9　この件の詳細については、冨田恭彦『カント批判——『純粋理性批判』の論理を問う』（勁草書房、二〇一八年）第6章を参照されたい。

10　Hermann Andreas Pistorius, 'Erläuterungen über des Herrn Professor Kant Critik der reinen Vernunft von Joh.

Schultze', *Allgemeine Deutsche Bibliothek*, 66 Bd., Erstes Stück (Berlin and Stettin: Friedrich Nicolai, 1786), pp. 92–123 at pp. 101–102.

11 Johann Georg Heinrich Feder, *Über Raum und Kausalität zur Prüfung der Kantischen Philosophie* (Göttingen: Johann Christian Dieterich, 1787), pp. 57–58.

12 因みに、ウィリアム・モリニューの子サミュエル・モリニュー（Samuel Molyneux, 1689–1728）は、バークリの親しい友人の一人であった。サミュエルはバークリと同じく（また父ウィリアムと同じく）トリニティー・コレッジの出身で（一七〇八年にB. A.を、一七一〇年にM. A.を取得）、バークリは最初の著作である『数学雑録』(George Berkeley, *Miscellanea mathematica* [Londinium (London): A. & J. Churchill, 1707]. 『数論』[George Berkeley, *Arithmetica* (Londinium [London]: A. & J. Churchill, 1707)] との合冊で出版された）を彼に献じている。

13 『視覚新論』におけるバークリの具体的な議論については、冨田恭彦『観念論の教室』（ちくま新書、二〇一五年）八九〜九九ページを参照されたい。

14 George Berkeley, *An Essay towards a New Theory of Vision*, in *The Works of George Berkeley, Bishop of Cloyne*, ed. A. A. Luce and T. E. Jessop, 9 vols. (London: Nelson, 1948–1957), i. § 132, p. 225.

15 Ibid., § 135, p. 226.

16 Ibid., § 136, p. 226.

17 George Berkeley, *Alciphron: or The Minute Philosopher*, in *The Works of George Berkeley, Bishop of Cloyne*, iii. Fourth Dialogue, § 9, pp. 152–153.

18 Ibid., § 10, p. 154.

19 Norwood Russell Hanson, *Perception and Discovery: An Introduction to Scientific Inquiry* (San Francisco: Freeman, Cooper & Company, 1969), esp. p. 91 ff. 参照。

20 Wilfrid Sellars, 'Empiricism and the Philosophy of Mind', in Herbert Feigl and Michael Scriven (eds.), *Minnesota Studies in the Philosophy of Science, Volume I: The Foundations of Science and the Concepts of Psychology and*

Psychoanalysis (Minneapolis: University of Minnesota Press, 1956), pp. 253–329 at p. 289 参照。

21 「ゼウスの雷霆」については、冨田恭彦『科学哲学者柏木達彦のプラトン講義』(角川ソフィア文庫、二〇〇九年) 二二ページを参照されたい。

22 この件については、例えば、Yasuhiko Tomida, 'Locke and Rorty', in idem, *Quine, Rorty, Locke: Essays and Discussions on Naturalism* (Hildesheim, Zürich, and New York: Georg Olms, 2007), pp. 99–126 や、Yasuhiko Tomida, 'Davidson-Rorty Antirepresentationalism and the Logic of the Modern Theory of Ideas', in Randall E. Auxier and Lewis Edwin Hahn (eds.), *The Philosophy of Richard Rorty* (The Library of Living Philosophers, 32; Chicago and La Salle, Ill.: Open Court, 2010), pp. 293–309' および、Richard Rorty, 'Reply to Yasuhiko Tomida', in Auxier and Hahn (eds.), *The Philosophy of Richard Rorty*, pp. 310–312 を参照されたい。

23 ローティのこの主張が特に明確に現れるのは、彼の『哲学と自然の鏡』第二部 (Richard Rorty, *Philosophy and the Mirror of Nature*, Thirtieth-Anniversary Edition [Princeton and Oxford: Princeton University Press, 2009], p. 139 ff.) においてである。また、Richard Rorty, 'The Contingency of Philosophical Problems: Michael Ayers on Locke', in idem, *Truth and Progress: Philosophical Papers, Volume 3* (Cambridge: Cambridge University Press, 1998), pp. 274–289 も、ローティのロック観を知る上で重要である。注22に挙げた私の論文 'Locke and Rorty' は、これらに見られるローティのロック理解を批判的に検討したものである。

24 これについては、冨田恭彦『バークリの『原理』を読む――「物質否定論」の論理と批判』(勁草書房、二〇一九年) 一七四ページ以下を参照されたい。

25 これについては、冨田『ロック入門講義』八一ページ以下を参照されたい。

26 Locke, *An Essay Concerning Human Understanding*, II. viii. 7, p. 134.

27 Ibid., II. xii. 3, p. 164.

28 この件については、冨田『ロック入門講義』第9章「創造的変化の思想――ローティの批判にもかかわらず彼の先駆者として」をあわせて参照されたい。

29 「実在的本質」と「名目的本質」の区別については、Locke, *An Essay Concerning Human Understanding*, III. iii. 15, p. 417を参照されたい。

30 これについては、Ibid., IV. iii. 16, p. 547における、'corpuscularian Hypothesis' に関する彼の発言を参照されたい。

[第6章]

1 デカルトとベークマンの出会いについては、冨田恭彦『デカルト入門講義』(ちくま学芸文庫、二〇一九年)二六ページ以下を参照されたい。

2 この三つの夢の記録については、冨田『デカルト入門講義』四二〜五〇ページを参照されたい。

3 この件については、冨田『デカルト入門講義』一〇八〜一一〇ページを参照されたい。

4 René Descartes, *Meditationes de prima philosophia*, in idem, *Œuvres de Descartes*, ed. Charles Adam & Paul Tannery, vii. (Paris: Léopold Cerf, 1904), p. 35.

5 Ibid.

6 Ibid., p. 39.

7 Ibid.

8 Ibid.

9 Ibid., pp. 43–44.

10 Ibid., p. 38.

11 Ibid., pp. 38–39.

12 Ibid., p. 38.

13 Ibid., p. 60.

14 Ibid., p. 44.

15 Ibid.

16 Friedrich Nietzsche, *Nachgelassene Fragmente 1885–1887*, KSA, ed. Giorgio Colli and Mazzino Montinari (München: Deutscher Taschenbuch Verlag; Berlin and New York: Walter de Gruyter, 1988), xii. p. 549; idem, *Der Wille zur Macht: Versuch einer Umwertung aller Werte*, ed. Peter Gast and Elisabeth Förster-Nietzsche (Kröners Taschenausgabe, 78; Stuttgart: Alfred Kröner Verlag, 1996), § 484, p. 338.

17 Descartes, *Meditationes de prima philosophia*, p. 18.

18 Ibid., p. 19.

19 Ibid., p. 22.

20 Ibid., p. 89.

21 Ibid.

22 西田幾多郎『哲學概論』（岩波書店、一九五三年）六四ページ。

23 Descartes, *Meditationes de prima philosophia*, pp. 140–141.

24 René Descartes, *Principia philosophiæ*, in idem, *Œuvres de Descartes*, ed. Charles Adam & Paul Tannery, viii. (Paris: Léopold Cerf, 1905), pp. 6–7.

25 Ibid., p. 7.

26 Descartes, *Meditationes de prima philosophia*, p. 25.

27 Ibid., p. 89.

［第7章］

1 これについては、冨田恭彦『カント批判——『純粋理性批判』の論理を問う』（勁草書房、二〇一八年）四二〜四三ページを参照されたい。

2 これについては、冨田恭彦『カント入門講義——超越論的観念論のロジック』（ちくま学芸文庫、二〇一七年）二五四ページ以下、冨田恭彦『カント哲学の奇妙な歪み——『純粋理性批判』を読む』（岩波現代全書、二〇一七年）

七六ページ以下を参照されたい。

3 Immanuel Kant, *Kritik der reinen Vernunft*, ed. Jens Timmermann (Philosophische Bibliothek, 505; Hamburg: Felix Meiner, 1998), A 80/B 106, p. 156.

4 この区別については、冨田『カント批判』の、特に一四六ページ以下をあわせて参照されたい。

5 カントのこのやり方の不当性については、冨田『カント哲学の奇妙な歪み』第４章「「無限判断」とは言うものの――伝統的論理学のよくない使い方」を参照されたい。

6 Kant, *Kritik der reinen Vernunft*, B 224, p. 280.

7 Immanuel Kant, *Metaphysische Anfangsgründe der Naturwissenschaft*, in *Kant's gesammelte Schriften* (Berlin: Georg Reimer/Walter de Gruyter, 1900–), iv. p. 541.

8 Ibid.

9 Kant, *Kritik der reinen Vernunft*, B 232, p. 286.

10 Kant, *Metaphysische Anfangsgründe der Naturwissenschaft*, p. 543.

11 Ibid.

12 Kant, *Kritik der reinen Vernunft*, B 256, p. 306.

13 Kant, *Metaphysische Anfangsgründe der Naturwissenschaft*, p. 544.

14 Ibid., pp. 544–545.

15 これについては、冨田『カント哲学の奇妙な歪み』第５章「自然科学なのに無理に形而上学のふりをして――『純粋理性批判』の背面の論理」を参照されたい。

16 バークリの一次性質と二次性質の区別がロックのそれとどのように異なるかについては、冨田恭彦『バークリの『原理』を読む――「物質否定論」の論理と批判』（勁草書房、二〇一九年）八八ページ以下を参照されたい。

17 この件については、冨田『カント批判』第２章「ロックの反生得説とカントの胚芽生得説――カントが言うほどカントとロックは違うのか？」を参照されたい。

18　この問題については、冨田『カント批判』七二ページ以下をあわせて参照されたい。

［終　章］

1　Richard Rorty, 'Pragmatism and Romanticism', in idem, *Philosophy as Cultural Politics: Philosophical Papers, Volume 4* (Cambridge: Cambridge University Press, 2007), pp. 105–119 at pp. 117–118.（邦訳リチャード・ローティ「プラグマティズムとロマン主義」、リチャード・ローティ『ローティ論集――「紫の言葉たち」／今問われるアメリカの知性』、冨田恭彦編訳［勁草書房、二〇一八年］一八七ページ。）

あとがき

学部生の頃、私は真理は絶対的に定まっているという思いを強く持った学生であった。文で表現できるような真理はともかくとして、少なくとも今現に感覚で感じているものは私には否定のしようのないものであった。そして、それが持つ「訂正不可能性」だけでも、絶対的なものを求めるための一つの手掛かりになるのではないかと思い、三、四回生の頃、A・J・エアーやラッセルやムーアの感覚与件論関係の本をかなり読んだ。それらがいわゆる「分析哲学」系の本だったことから、その延長線上で、クワインの *Word and Object* を読むことにもなった。だが、クワインのその本は、日常観察することのできるごく普通の対象を出発点とするものであって、一時的にもせよ感覚与件論者だった当時の私には、とてもまともに読めるものではなかった。クワインのその本の本当の威力がわかるようになったのは、三〇代になってからである。多分その間に、私はかなりの（ハイデッガー流に言えば）「ケーレ」を経験したのだと思う。

恩師辻村公一がハイデッガーの研究者だったことは、振り返れば私にとっては大きなものがあった。それまでフッサールの主観主義や、感覚与件論や、バークリやジェイムズの考えに馴染んでいた私は、辻村の演習ではじめて読んだ *Sein und Zeit* にいたく感動した。奇妙に聞こえるかもしれないが、のちに知ったクワインの威力と、*Sein und Zeit* のハイデッガーの威力は、私には甲乙つけがたいものがあった。渡米して、ハーバードですでに名誉教授だったクワインに教えを請い、帰国して、日本現象学会からの依頼で「根本的翻訳と根本的解釈——解釈学のもう一つの系譜から」を書くことなど、かつての私には想像だにできないことであった。

それからさらに三〇年近くが経過した。本書はこれまでの私のささやかな仕事の、ささやかなまとめのようなものである。


ニーチェは、大学院で同級生になった大阪大学名誉教授の高田珠樹君の影響で読むようになった。彼は頭がよくて、語学の天才で（私がそう言うと、自分がどれほど努力しているかを君は理解していないと彼は怒っていたが）、同じ学年で互いに一人だけの同級生に、私はとても恵まれたと思う。

ハイデッガーについては、——そうそう、先に言っておくべきだったが、私が本書で「ハイデガー」ではなく「ハイデッガー」という表記に固執しているのは、我が師辻村公一に敬意を払ってのことである。彼は私が憧れてやってきた当時の京都大学文学部哲学科の、師と仰ぐにこれ以上にふさわしい者のない師であった。そのハイデッガーについては、右に記したとおりで、ことある毎に、私は彼の著書に触れることになった。

本書の副題の三人目、リチャード・ローティは、はじめ、指示理論の研究の一環として彼の論文を読むことになり、一九七九年の *Philosophy and the Mirror of Nature* を読むに至って、アメリカに、分析哲学も、ガーダマーやハイデッガーのような大陸哲学も、当たり前のように読む哲学者がいるんだと、驚きかつ喜んだ記憶がある。私の最初の師である野田又夫も、そのあとを次いだ辻村公一も、きわめて博識で、京都大学ではそれが当然ではあったものの、アメリカで大陸哲学というのは、私の無知のゆえもあり、ほとんど耳にすることがなかった。特にローティの場合、当時我が国では分析哲学の代表者の一人のように言われていたことから、カルナップの'Überwindung der Metaphysik durch logische Analyse der Sprache'(言語の論理分析による形而上学の克服)の影響もあって、ローティがハイデッガーやガーダマーを読んでいるとは想像だにしなかった。

幸いなことに、三〇代のはじめ、ローティが南山大学に招聘された折に、南山大学と名古屋大学の先生方のお計らいで京都でローティと会い、半日を岡崎近辺で一緒に過ごすことができた。その折に、どうしてハイデッガーを読んでいるのかと尋ねてみたら、「禁断の木の実ほど食べたくなるものだ」というのが彼の答えだった。以後ローティは、私にとって、この地球上で、京都大学で話題になっていることをそのまま話してもちゃんと聞いてもらえる、唯一の海外の哲学者となった。

ニーチェを読んでいると、生物学的ヴォキャブラリーを多用した「力への意志」の形而上学という面があるにもかかわらず、「ある視点から計算可能・理解可能にするための図式化」の試みとしてすべてを見るという、単純明快な彼の視線を強く感じる。この視線は、もっとあっけらかんとしたローティの「詩としての哲学」の視線と同一線上にあるように、私には思われる。多分「力への意志」の形而上学も、ニーチェにとってはそうした図式化のためのデバイスの一つなのだ。本書は、こうしたニーチェ＝ローティ路線を基軸に、西洋近代のある系譜を素描するとともに、その系譜をサポートするための論を、いくつかの視点から提示したものである。

こうした論を展開するとき、科学を自然と直接接触するものとする誤解に対して、「仮説」の意味を十分に強調しておくことが、とりわけ重要となる。このことを念頭に置き、第Ⅲ部では、デカルトやカントがどれほどそうした仮説的自然科学に依拠していたかを論じ、それによって、彼らのある種の絶対主義ですら、結局は人間の想像力の産物としての仮説に依拠するものであったことを示そうとした。そうした議論によって、第II部での真理の対応説批判とともに、人間の意思とは関わりなく定まったものがあるという思い込みですら最後的には想像力に依拠していることを、明らかにしようと試みた。

本書の論述が功を奏することを、心から願うばかりである。

本書のよりよい理解のために、私自身の書を挙げることをお許しいただきたい。本書と関わりが深く、あわせてお読みいただければ本書の論点をより明確にご理解いただけると思われる最近の出版物は、次のとおりである。

Yasuhiko Tomida, *Quine, Rorty, Locke: Essays and Discussions on Naturalism* (Hildesheim, Zürich, and New York: Georg Olms, 2007).

Yasuhiko Tomida, *Locke, Berkeley, Kant: From a Naturalistic Point of View* (2nd edn., revised and enlarged, Hildesheim, Zürich, and New York: Georg Olms, 2015).

冨田恭彦『ローティ――連帯と自己超克の思想』(筑摩選書、二〇一六年)

冨田恭彦『カント哲学の奇妙な歪み――『純粋理性批判』を読む』(岩波現代全書、二〇一七年)

冨田恭彦『カント入門講義――超越論的観念論のロジック』(ちくま学芸文庫、二〇一七年)

冨田恭彦『ロック入門講義――イギリス経験論の原点』(ちくま学芸文庫、二〇一七年)

冨田恭彦『カント批判――『純粋理性批判』の論理を問う』（勁草書房、二〇一八年）
冨田恭彦『デカルト入門講義』（ちくま学芸文庫、二〇一九年）

また、本書と関わりの深い翻訳に、次のものがある。

リチャード・ローティ「科学としての哲学・メタファーとしての哲学・政治としての哲学」冨田恭彦訳（『思想』第一一〇六号、二〇一六年）
リチャード・ローティ『ローティ論集――「紫の言葉たち」／今問われるアメリカの知性』冨田恭彦編訳（勁草書房、二〇一八年）

本書を執筆する上で、自分の中で特に大きな問題であり続けたのは、『純粋理性批判』のカントの基本的言説に対して、いかにしてNONを言うか、どのようにしてその理由を明示するかであった。ローティ的な「詩としての哲学」の考え方を明らかにするためには、第I部で扱った「想像力は理性よりも優位に立つ」という考えと、第II部で扱った「真理の対応説」批判とを論じるだけでは、まだ十分ではなかった。私たちの中には、私たちの考えを拘束するものがもともと多々備わっているというカントの考えは、それをエマソンの言う「運命」の一種と見てすませられるようなものではなかった。カントの言うとおりであるとすれば、私たちの世界の捉え方そのものが、すでに大幅に制限されていることになるからである。

もとより、カントの言うとおりであるなら、私たちは甘んじてその制限を受け入れなければならない。けれども、私には、カントの超越論的原理論の議論が妥当なものであるとは、ほとんど思えなかった。

カントは伝統的論理学に忠実なふりをする。けれども、アリストテレス以来の伝統的論理学の歴史を多少とも紐解いた人は、彼の判断表の恣意性にすぐに気づくであろう。また、アリストテレスのカテゴリーに比して、カントのカテゴリーの中で「外延量」と「内包量」に関するものが占める割合があまりに多いことをいぶかしく思った人は、アリストテレスにまで遡る「外延量」と「内包量」の区別の歴史とカント当時の科学の状況から、カントが無理をしてでもその区別をアプリオリなものに見せかけようとしたことの不当さに気づくであろう。さらには、『純粋理性批判』の議論と彼の『自然科学の形而上学的基礎』の議論とをつき合わせて読む人は、カントの「関係のカテゴリー」の基になっていると彼が言う判断の種類の選択が、結局は彼が守りたい（そして恒久化したい）と思った当時の自然法則を念頭に置いたものであって、けっして中立的な仕方で導出されたものではなかったことに気づくであろう。加えて、ロックやヒュームを丹念に読んだ人は、彼らに対するカントの評価の妥当性に大いなる疑問を持たざるをえないであろう。

少なくとも、私にとって、『純粋理性批判』のカントは、このような疑問を多々抱かせる存在であった。疑問そのものは、先に挙げた拙著 *Locke, Berkeley, Kant* に収載されたカント論文をある論集のために執筆した際に、その一端を提示する機会を得た（Yasuhiko Tomida, 'Locke's "Things Themselves" and Kant's "Things in Themselves": The Naturalistic Basis of Transcendental Idealism', in Sarah Hutton and Paul Schuurman [eds.], *Studies on Locke: Sources, Contemporaries, and Legacy* [Dordrecht: Springer, 2008], pp. 261–275）が、疑問の全体を端的に表明する機会を得たのはもっと

最近になってのことである。二〇一七年出版の『カント哲学の奇妙な歪み――『純粋理性批判』を読む』と、二〇一八年出版の『カント批判――『純粋理性批判』の論理を問う』がそれである。そうした機会を与えてくださった岩波書店の押田連さんと勁草書房の土井美智子さんに、改めて御礼を申し上げる。

また、『カント哲学の奇妙な歪み』をめぐって、わざわざそのために議論の場を設けてくださった、関西哲学会（二〇一七年）と日本カント協会（二〇一八年）の関係各位にも、あわせて御礼を申し上げる。

本書第7章のカント批判は、非常にコンパクトな書き方になってはいるものの、カントが変化していく自然科学のある時代の考え方を不当な仕方で恒久不変化しようとしたことは、十分にご理解いただけるものと思う。カントですら、意に反して、開かれた仮説的思考の結果を自らの基盤とせざるをえなかったのである。

本書がなるにあたっては、講談社学芸クリエイトの上田哲之さんに、大変お世話になった。

その昔、上田さんにお声をかけていただき、講談社現代新書で『哲学の最前線――ハーバードより愛をこめて』、『観念論ってなに？――オックスフォードより愛をこめて』、『対話・心の哲学――京都より愛をこめて』という、「生島圭シリーズ」三部作を書かせていただいたのが、上田さんとのお付き合いの始まりであった。その後、上田さんが思想誌ＲＡＴＩＯを創刊されたとき、その第一号に掲載する論文をローティに依頼してほしいとのお話があり、ローティと相談の上、論文「予測不能のアメリカ帝国」を翻訳した。さらに、ローティを批判するチョムスキーと相談の上、チョムスキーの論文「単純な真理・難しい問題――テロと正義と自衛に関するいくつかの考え」を、同誌第二号のために翻訳した。いずれも、十数年前の話である。

その頃、ローティとの往復書簡の形で、彼の思想を引き出す本を作る計画があった。上田さんと相談し、ローティも大変乗り気であったが、間もなくローティが重い病気であることがわかり、やがて彼は帰らぬ人となった。それから十年余り、そのとき組み込むはずだった話題の一つを、今度は私一人で論じることになったのが、本書である。

そのような経緯から、上田さんには幾重にも御礼を申し上げなければならない。上田さんのサポートがなければ、本書はありえなかった。心より、感謝の意を表したい。

また、校正・出版の段階において、同じく講談社学芸クリエイトの林辺光慶さんに、大変お世話になった。心より御礼申し上げる。

令和元年夏

冨田恭彦

［タ行］

事項索引

［ア行］

［カ行］

［サ行］

[マ行]

[ラ行]

[ワ行]

[タ行]

[ナ行]

[ハ行]

索引

人名索引

[ア行]

[カ行]

[サ行]

冨田恭彦（とみだ・やすひこ）

一九五二年、香川県生まれ。京都大学大学院文学研究科博士課程研究指導認定退学。博士（文学）。

京都教育大学助教授、ハーバード大学客員研究員、京都大学教授を経て、現在は京都大学名誉教授。

著書に『哲学の最前線――ハーバードより愛をこめて』『観念論ってなに？――オックスフォードより愛をこめて』『対話・心の哲学――京都より愛をこめて』（以上、講談社現代新書）、『ローティ 連帯と自己超克の思想』（筑摩選書）、『デカルト入門講義』『ロック入門講義――イギリス経験論の原点』『カント入門講義――超越論的観念論のロジック』（以上、ちくま学芸文庫）、『カント哲学の奇妙な歪み――『純粋理性批判』を読む』（岩波現代全書）、『カント批判――『純粋理性批判』の論理を問う』（勁草書房）、*Inquries into Locke's Theory of Ideas*、*The Lost Paradigm of the Theory of Ideas*、*Quine, Rorty Locke*、*Locke, Berkeley, Kant*（以上、Georg Olms）など多数。

詩《し》としての哲《てつ》学《がく》

ニーチェ・ハイデッガー・ローティ

二〇二〇年　二月一〇日　第一刷発行

著者　冨《とみ》田《だ》恭《やす》彦《ひこ》

発行者　渡瀬昌彦

発行所　株式会社　講談社

東京都文京区音羽二丁目一二—二一　〒一一二—八〇〇一

電話（編集）〇三—三九四五—四九六三

（販売）〇三—五三九五—四四一五

（業務）〇三—五三九五—三六一五

装幀者　奥定泰之

本文データ制作　講談社デジタル製作

本文印刷　信毎書籍印刷株式会社

カバー・表紙印刷　半七写真印刷工業株式会社

製本所　大口製本印刷株式会社

ISBN978-4-06-518746-3　Printed in Japan

N.D.C.130　222p　19cm

講談社選書メチエの再出発に際して

講談社選書メチエの創刊は冷戦終結後まもない一九九四年のことである。長く続いた東西対立の終わりはついに世界に平和をもたらすかに思われたが、その期待はすぐに裏切られた。超大国による新たな戦争、吹き荒れる民族主義の嵐……世界は向かうべき道を見失った。そのような時代の中で、書物のもたらす知識が一人一人の指針となることを願って、本選書は刊行された。

それから二五年、世界はさらに大きく変わった。特に知識をめぐる環境は世界史的な変化をこうむったとすら言える。インターネットによる情報化革命は、知識の徹底的な民主化を推し進めた。誰もがどこでも自由に知識を入手でき、自由に知識を発信できる。それは、冷戦終結後に抱いた期待を裏切られた私たちのもとに差した一条の光明でもあった。

その光明は今も消え去ってはいない。しかし、私たちは同時に、知識の民主化が知識の失墜をも生み出すという逆説を生きている。堅く揺るぎない知識も消費されるだけの不確かな情報に埋もれることを余儀なくされ、不確かな情報が人々の憎悪をかき立てる時代が今、訪れている。

この不確かな時代、不確かさが憎悪を生み出す時代にあって必要なのは、一人一人が堅く揺るぎない知識を得、生きていくための道標を得ることである。

フランス語の「メチエ」という言葉は、人が生きていくために必要とする職、経験によって身につけられる技術を意味する。選書メチエは、読者が磨き上げられた経験のもとに紡ぎ出される思索に触れ、生きるための技術と知識を手に入れる機会を提供することを目指している。万人にそのような機会が提供されたとき初めて、知識は真に民主化され、憎悪を乗り越える平和への道が拓けると私たちは固く信ずる。

この宣言をもって、講談社選書メチエ再出発の辞とするものである。

二〇一九年二月　　野間省伸